VH - 87

Hinweisbar. RO - VIII

Internationales Institut

für Rechts- und Verwaltungssprache

International Institute

for Legal and Administrative Terminology

D1722606

Europa-Glossar
der Rechts- und Verwaltungssprache

BAND 18

Raumordnung K

DEUTSCH UND ENGLISCH

LANGENSCHEIDT
BERLIN · MÜNCHEN · WIEN · ZÜRICH
SWEET & MAXWELL
LONDON

VA-87

European Glossary
of Legal and Administrative Terminology

VOLUME 18

Regional Policy

GERMAN/ENGLISH GLOSSARY

Geographisches Institut
der Universität Kiel
ausgesonderte Dublette

Inv.-Nr. A26719

Geographisches Institut
der Universität Kiel
Neue Universität

LANGENSCHEIDT
BERLIN · MUNICH · VIENNA · ZURICH
SWEET & MAXWELL
LONDON

Dieser Band wurde von der nachstehenden Kommission des Internationalen Instituts für Rechts- und Verwaltungssprache erarbeitet:

Vorsitzender: Otto Jacob	Ministerialrat im Bundesministerium des Innern, Bonn
Klaus-Achim Boesler	Dr. rer. nat., Prof. für Geographie an der Universität Bonn, Direktor des Instituts für Wirtschaftsgeographie
Norman Perry	Ph. D. Senior Research Fellow, Social Science Research Council Survey Unit, (bis Januar 1973 Department of Planning and Transportation, Greater London Council)
Hans Scheurer	Dr. jur., Regierungsdirektor im Innenministerium Baden-Württemberg, Stuttgart
Karl A. Sinnhuber	Mag. phil., Dr. phil., Reader in Geography, Department of Linguistic and Regional Studies, University of Surrey, Guildford, England
William Solesbury	BA, MCD, Senior Planning Officer, Department of the Environment, London
Ständiges Sekretariat:	Internationales Institut für Rechts- und Verwaltungssprache, 1 Berlin 12, Knesebeckstraße 8-9, Tel.: 87 05 91, App. 4307

This volume was compiled by the following commission of the International Institute for Legal and Administrative Terminology:

Chairman: Otto Jacob

Ministerialrat im Bundesministerium des Innern, Bonn

Klaus-Achim Boesler

Dr. rer. nat., Prof. für Geographie an der Universität Bonn, Direktor des Instituts für Wirtschaftsgeographie

Norman Perry

Ph. D. Senior Research Fellow, Social Science Research Council Survey Unit, (until January 1973 Department of Planning and Transportation, Greater London Council)

Hans Scheurer

Dr. jur., Regierungsdirektor im Innenministerium Baden-Württemberg, Stuttgart

Karl A. Sinnhuber

Mag. phil., Dr. phil., Reader in Geography, Department of Linguistic and Regional Studies, University of Surrey, Guildford, England

William Solesbury

BA, MCD, Senior Planning Officer, Department of the Environment, London

Permanent Secretariat:

International Institute for Legal and Administrative Terminology, 1 Berlin 12, Knesebeckstraße 8-9, Tele: 87 05 91 ext.: 4307

Inhaltsverzeichnis

Contents

Teil III

Vorbemerkung

1. Der Gedanke, ein Europa-Glossar der Rechts- und Verwaltungssprache zu schaffen, ist aus einem praktischen Bedürfnis entstanden. Immer größer wird die Zahl von Fachleuten, die in fremder Sprache verhandeln müssen, ausländische Besucher zu betreuen haben und für internationale Aufgaben im In- und Ausland tätig sind. Dafür ist außer der Allgemeinsprache die Kenntnis der entsprechenden Fachausdrücke und Rechtseinrichtungen des Auslands unerläßlich.

In den zwei- oder mehrsprachigen Wörterbüchern der Allgemeinsprache und der Fachsprachen erscheint das Wortgut meist alphabetisch. Die Bände des Europa-Glossars sind dagegen nach Sachgebieten geordnet; neben Übersetzungen bieten sie auch Definitionen, Erläuterungen und sachgebietsgebundene Redewendungen, die in anderen Wörterbüchern nicht in dieser Ausführlichkeit verzeichnet werden können.

Das Europa-Glossar soll alle Fachgebiete umfassen, auf die sich der internationale Rechts- und Verwaltungsverkehr erstreckt. Es erscheint in Einzelbänden, die eine Auswahl der wichtigsten Begriffe und Benennungen des behandelten Sachgebiets enthalten. Der Benutzer hat daher mit den Bänden des Europa-Glossars die Möglichkeit, sich über das einschlägige Fachwortgut kurzfristig zu unterrichten.

Das Internationale Institut für Rechts- und Verwaltungssprache hofft, durch seine Veröffentlichungen die Kenntnis der verschiedenen Rechts- und Verwaltungssysteme zu vertiefen und damit zur besseren Verständigung unter den Völkern beizutragen.

2. Das Wortgut wird einheitlich aufgeführt, und zwar links Deutsch, rechts Englisch.

a) Begriffe und Benennungen, die in beiden Sprachen inhaltsgleich sind, werden mit = gekennzeichnet.

b) Begriffe und Benennungen, die in der anderen Sprache mit einem ähnlichen Begriff wiedergegeben werden können, werden mit ± gekennzeichnet.

c) Begriffe und Benennungen, für die es in der anderen Sprache keine Entsprechungen gibt, werden in der Mitte der betreffenden Spalte mit ≠ gekennzeichnet. Erklärungen und Übersetzungen werden in Klammern daruntergesetzt.

d) Begriffe und Benennungen, die sich innerhalb der gleichen Wortstelle wiederholen, werden durch eine Tilde (∼) gekennzeichnet.

3. Die Erklärungen werden auf ein Mindestmaß beschränkt. Sie haben **nicht** die Aufgabe, einzelne Rechtsinstitutionen zu beschreiben, sondern sollen lediglich terminologische Aufklärung geben.

4. Die Ausführungen in diesem Band beziehen sich ausschließlich auf das in der Bundesrepublik Deutschland und im Vereinigten Königreich Großbritannien und Nordirland geltende Recht, mit Ausnahme der Fälle, die sich ausschließlich auf englisches Recht beschränken.

5. Einzelne Ausdrücke dieses Bandes sind oder werden in anderen Bänden des „Europa-Glossars der Rechts- und Verwaltungssprache" möglicherweise anders übersetzt. Solche Unterschiede ergeben sich aus der Natur der behandelten Sachgebiete.

6. Der vorliegende Band wurde im Frühjahr 1973 abgeschlossen.

Foreword

1. The idea of producing a European Glossary of legal and administrative terms arose from a practical need. The number of specialists who have to conduct matters in a foreign language, who have to look after foreign visitors, and who are engaged in international business both in their own country and abroad, is continually increasing. Such persons need to know not only the everyday language of the foreign country, but also the technical terms and the legal constitution of that country.

Bi-lingual and multi-lingual dictionaries, whether general or specialized, are normally arranged alphabetically. The volumes of the European Glossary are, in contrast, arranged according to subject matter. In addition to translations, they will also contain definitions, explanations and technical terms which are not covered in the same detail in other dictionaries.

The European Glossary is to cover all the specialized fields with which international legal and administrative relations are concerned. It will appear in separate volumes, each one of which will contain the most important concepts and terms in a particular field. The user of the volumes of the European Glossary will thus be able to acquaint himself quickly with the necessary technical vocabulary.

It is the hope of the International Institute for Legal and Administrative Terminology that its publications will deepen the knowledge of different legal and administrative systems and will thereby contribute to a better understanding between peoples.

2. The vocabulary is uniformly arranged, with German on the left and English on the right.

a) Concepts and expressions which are synonymous in the two languages are indicated by the sign $=$.

b) Concepts and expressions which can be translated into the other language by a comparable or similar expression are indicated by the sign $\pm$.

c) Concepts and expressions for which there are no equivalents in the other language are indicated in the middle of the column by the sign $\neq$.
Explanations and translations are placed underneath in brackets.

d) Concepts and expressions which are repeated under the same term are indicated by the sign $(\sim)$.

3. Explanations have been kept to a minimum. They are **not** intended to describe the individual legal institution, but are merely to provide terminological clarification.

4. This volume has been compiled with reference only to the law valid in the Federal Republic of Germany and in the United Kingdom of Great Britain and Northern Ireland, except where it has been restricted expressly to the law of England.

5. Certain terms in this edition may have been or might be translated differently in other volumes of the "European glossary of legal and administrative terminology". These differences are a result of the material itself in the various specialist fields being examined.

6. This volume was completed in spring 1973.

Ausgewählte Quellen

Europäische Raumordnung

Entschließung der Europäischen Raumordnungsministerkonferenz vom 11. September 1970, abgedruckt im Raumordnungsbericht 1970 der Bundesregierung, BTDrucks. VI/1340 S. 140

Bund

Raumordnungsgesetz vom 8. April 1965 (BGBl. I S. 306 = BGBl. III 2300-1)

Bundesbaugesetz vom 23. Juni 1960 (BGBl. I S. 341 = BGBl. III 213-1): § 1 Abs. 3, § 4 Abs. 2, § 106 Abs. 1

Städtebauförderungsgesetz (Gesetz über städtebauliche Sanierungs- und Entwicklungsmaßnahmen in den Gemeinden) v. 27. Juli 1971 (BGBl. I S. 1125)

Gesetz über die Gemeinschaftsaufgabe „Verbesserung der regionalen Wirtschaftsstruktur" vom 6. Oktober 1969 (BGBl. I S. 1861)

Gesetz über die Gemeinschaftsaufgabe „Verbesserung der Agrarstruktur und des Küstenschutzes" vom 3. September 1969 (BGBl. I S. 1573)

Gesetz über die Gemeinschaftsaufgabe „Ausbau und Neubau von wissenschaftlichen Hochschulen" (Hochschulbauförderungsgesetz) vom 1. September 1969 (BGBl. I S. 1556)

Entschließung der Ministerkonferenz für Raumordnung über zentrale Orte und ihre Verflechtungsbereiche vom 8. Februar 1968, abgedruckt im Raumordnungsbericht 1968 der Bundesregierung, S. 149 ff.

Entschließung der Ministerkonferenz für Raumordnung zur Frage der Verdichtungsräume vom 21. November 1968, ebenda S. 151

Entschließung der Ministerkonferenz für Raumordnung über die Förderung des Gleisanschlußverkehrs vom 21. November 1968, ebenda S. 152

Entschließung der Ministerkonferenz für Raumordnung über das Verhältnis zwischen Raumordnung und Verkehrsplanung vom 16. April 1970, abgedruckt im Raumordnungsbericht 1970 der Bundesregierung, BTDrucks. VI/1340 S. 147

Entschließung der Ministerkonferenz für Raumordnung über Raumordnung und Regionalluftverkehr vom 16. Juni 1971, abgedruckt im Raumordnungsbericht 1972 der Bundesregierung, BTDrucks. VI/3793 S. 142

Entschließung der Ministerkonferenz für Raumordnung über Raumordnung und Rohrfernleitungen vom 16. Juni 1971, ebenda S. 143

Entschließung der Ministerkonferenz für Raumordnung über Raumordnung und Umweltschutz vom 15. Juni 1972, ebenda S. 144

Entschließung der Ministerkonferenz für Raumordnung über zentralörtliche Verflechtungsbereiche mittlerer Stufe in der Bundesrepublik Deutschland vom 15. Juni 1972, ebenda S. 146

Empfehlung der Ministerkonferenz für Raumordnung über Raumordnung und Landschaftsordnung vom 16. Juni 1971, ebenda S. 149

Baden-Württemberg

Landesplanungsgesetz in der Fassung vom 25. Juli 1972 (Ges.-Bl. S. 460)

Gesetz zu dem Staatsvertrag zwischen den Ländern Baden-Württemberg, Hessen und Rheinland-Pfalz über die Zusammenarbeit bei der Raumordnung im Rhein-Neckar-Gebiet vom 25. Juli 1969 (Ges.-Bl. S. 151)

Landesentwicklungsplan Baden-Württemberg vom 22. Juni 1971, herausgegeben vom Innenministerium Baden-Württemberg, Verlag Malsch & Vogel, Karlsruhe

Bayern

Bayerisches Landesplanungsgesetz vom 6. Februar 1970 (GVBl. S. 9), zuletzt geändert durch das Gesetz über die Zuständigkeiten in der Landesentwicklung und in den Umweltfragen vom 19. Februar 1971 (GVBl. S. 65)

Durchführung von Raumordnungsverfahren, Bekanntmachung des Bayerischen Staatsministeriums für Landesentwicklung und Umweltfragen vom 24. November 1971 (Amtsblatt des Bayerischen Staatsministeriums für Landesentwicklung und Umweltfragen S. 17)

Hessen

Landesplanungsgesetz in der Fassung vom 1. Juni 1970 (GVBl. I S. 360)

Verwaltungsabkommen über Maßnahmen der Raumordnung und Landesplanung im Grenzbereich der Länder Hessen und Rheinland-Pfalz vom 18. Mai 1965 (Staatsanzeiger S. 688)

Niedersachsen

Niedersächsisches Gesetz über Raumordnung und Landesplanung vom 30. März 1966 (Nds. GVBl. S. 69)

Runderlaß des niedersächsischen Ministeriums des Innern vom 17. August 1961 - III/6 - 381.741 -; Arbeiten der Landesplanung; hier: Monatliche Meldungen

Runderlaß des niedersächsischen Ministeriums des Innern vom 22. September 1966 (Ministerialblatt S. 942): Raumordnungsverfahren nach § 15 LPlG Nds.

Runderlaß des niedersächsischen Ministeriums des Innern vom 20. Dezember 1967 (Ministerialblatt 1968, S. 93): Raumordnungskataster nach § 13 LPlG Nds.

Nordrhein-Westfalen

Landesplanungsgesetz in der Fassung des Gesetzes vom 30. Mai 1972 (GV. NW. S. 141)

Gesetz betreffend Verbandsordnung für den Siedlungsverband Ruhrkohlenbezirk vom 5. Mai 1920 (Preußische Gesetzessammlung S. 29)

Gesetz über die Gesamtplanung im Rheinischen Braunkohlengebiet vom 25. April 1950 GV. NW. S. 71) mit Änderung vom 5. Januar 1952 (GV. NW. S. 9)

Gesetz zur kommunalen Neugliederung des Raumes Bonn vom 10. Juni 1969 (GV. NW. S. 236); hier: Bildung eines Sonderplanungsausschusses gemäß § 21 des Gesetzes

Rheinland-Pfalz

Landesgesetz über Raumordnung und Landesplanung in der Fassung des Gesetzes vom 5. April 1968 (GVBl. S. 47)

Landesgesetz zur Änderung des Landesgesetzes für Raumordnung und Landesplanung vom 5. April 1968 (GVBl. S. 47)

Landesgesetz über die Einteilung des Landes in Regionen (Regionengesetz) vom 16. März 1967 (GVBl. S. 68) in der Fassung der Verordnung vom 17. Mai 1969 (GVBl. S. 125)

Verwaltungsabkommen zwischen der Regierung des Königreiches Belgien, der Regierung des Landes Nordrhein-Westfalen und der Regierung des Landes Rheinland-Pfalz über die Zusammenarbeit zur Errichtung und Ausgestaltung eines Naturparks in den Gebieten Nordeifel/Schneifel/Hohes Venn-Eifel vom 3. Februar 1971 (Staatsanzeiger für Rheinland-Pfalz vom 24. April 1972 S. 241)

Saarland

Saarländisches Landesplanungsgesetz vom 27. Mai 1964 (Amtsblatt S. 525, berichtigt S. 621)

Verordnung zur Bestimmung der zentralen Orte und ihrer Versorgungsbereiche für den kommunalen Finanzausgleich vom 17. November 1970 (Amtsblatt S. 886), geändert durch Verordnung vom 21. Dezember 1971 (Amtsblatt S. 849)

Schleswig-Holstein

Gesetz über die Landesplanung vom 13. April 1971 (GVBl. S. 152)

Gesetz über Grundsätze zur Entwicklung des Landes (Landesentwicklungsgrundsätze) vom 13. April 1971 (GVBl. S. 157)

Sprachgebrauch im Aufgabenbereich der Landesplanung, Bekanntmachung des Ministerpräsidenten vom 1. September 1964 (Amtsblatt S. 439), geändert durch Bekanntmachung vom 22. April 1969 (Amtsblatt S. 225)

Schrifttum

Handwörterbuch der Raumforschung und Raumordnung, 2. Auflage, Band 1-3, herausgegeben von der Akademie für Raumforschung und Landesplanung, Hannover, Jänicke Verlag, Hannover 1970

Raumordnungsbericht 1963, 1966, 1968, 1970 und 1972 der Bundesregierung, Verlag Dr. Hans Heger, Bonn-Bad Godesberg

Brügelmann/Asmuß/Cholewa/v. d. Heide, Raumordnungsgesetz, Kommentar, Kohlhammer Verlag, Stuttgart 1969

Zinkahn/Bielenberg, Raumordnungsgesetz des Bundes, Kommentar unter Berücksichtigung des Landesplanungsrechts, Erich Schmidt Verlag, Berlin 1965

Forsthoff-Blümel, Raumordnungsrecht und Fachplanungsrecht, Ein Rechtsgutachten, Alfred Metzner Verlag, Frankfurt 1970

Bibliography

Acts of Parliament relevant to Regional Policy

Special Areas (Development and Improvement) Act, 1934
Special Areas Reconstruction (Agreement) Act, 1936
Special Areas (Amendment) Act, 1937
Distribution of Industry Act, 1945
New Towns Act, 1946
Town and Country Planning Act, 1947
Agriculture Act, 1947
National Parks and Access to the Countryside Act, 1949
Distribution of Industry Act, 1950
Town Development Act, 1952
Distribution of Industry (Industrial Finance) Act, 1958
Local Employment Act, 1960
Town and Country Planning Act, 1962
Local Employment Act, 1963
London Government Act, 1963
Water Resources Act, 1963
Industrial Training Act, 1964
Control of Office and Industrial Development Act, 1965
New Towns Act, 1965
Highlands and Islands Development (Scotland) Act, 1965
Industrial Development Act, 1966
Industrial Development. The Development Areas Order, 1966 Statutory Instrument No. 1032
Town and Country Planning Act, 1968
Countryside Act, 1968
Transport Act, 1968
Industrial Expansion Act, 1968
Housing Act, 1969
Local Employment Act, 1970
Intermediate Areas Order, 1971, Statutory Instrument No. 329
Town and Country Planning Act, 1971
Intermediate Areas and Derelict Land Clearance Areas Order 1972 Statutory Instrument No. 421
Local Employment Act 1972
Industry Act 1972
Local Government Act 1972

Selected Parliamentary Papers

Ministry of Housing and Local Government, **London: Employment: Housing: Land,** HMSO 1963, Cmnd. 1952

Scottish Development Department, **Central Scotland: a programme for development and growth,** HMSO 1963, Cmnd. 2188

Secretary of State for Industry, Trade and Regional Development, **The North East: a programme for regional development and growth,** HMSO 1963, Cmnd. 2206

Board of Trade, **South East England,** HMSO 1964, Cmnd. 2308

Department of Economic Affairs, **The National Plan,** HMSO 1965, Cmnd. 27

Department of Economic Affairs, **Investment incentives,** HMSO 1966, Cmnd. 28

Ministry of Land and Natural Resources, **Leisure in the Countryside: England and Wales,** HMSO 1966, Cmnd. 2928

Ministry of Transport, **Transport Policy,** HMSO 1966, Cmnd. 3057

Ministry of Transport, **British waterways: recreation and amenity,** HMSO 1967, Cmnd. 3401

Ministry of Transport, **Railway Policy,** HMSO 1968, Cmnd. 3439

Ministry of Transport, **Transport in London,** HMSO 1968, Cmnd. 3686

Ministry of Transport, **The reorganization of the ports,** HMSO 1969, Cmnd. 3903

Board of Trade, **Civil Aviation Policy,** HMSO 1969, Cmnd. 4213

Ministry of Transport, **Roads for the Future: the new interurban plan for England,** HMSO 1970, Cmnd. 4369

Ministry of Housing and Local Government, **The protection of the environment: the fight against pollution,** HMSO 1970, Cmnd. 4373

Royal Commission on Environmental Pollution: **First Report,** HMSO 1971, Cmnd. 4585

Royal Commission on Environmental Pollution: **Second Report: Three issues in industrial pollution,** HMSO 1972, Cmnd. 4894

Royal Commission on Environmental Pollution: **Third Report: Pollution in some British estuaries and coastal waters,** HMSO 1972, Cmnd. 5054

Scottish Office, **Reform of local government in Scotland,** HMSO 1971, Cmnd. 4583

Department of the Environment, **Local government in England: government proposals for reorganization,** HMSO 1971, Cmnd. 4584

Department of Trade and Industry, **Industrial and regional development,** HMSO 1972, Cmnd. 4942

Circulars to Local Authorities of relevance to Regional Policy

MHLG 42/55 Green Belts
MHLG 50/57 Green Belts
MHLG 32/60 Local Employment Act 1960, Control of Industrial Development

16

MHLG 44/68 Ministry of Land and Natural Resources, Countryside Act 1968
MHLG 64/70 Report of the Working Party on Sewage Disposal
MHLG 17/70 Derelict Land
DOE 26/71 Report of the Working Party on Refuse Disposal
DOE 92/71 Reorganization of water and sewage services: Government proposals and arrangements for consultation
DOE 12/72 The Planning of the Undeveloped Coast
DOE 50/72 Slums and Older Housing: an Overall Strategy
DOE 107/72 Local Government Reorganization in England: Areas of New Counties

References

Abstract of Regional Statistics No. 8 1972 - Central Statistical Office

South East Joint Planning Team - **Strategic Plan for the South East** HMSO 1970

Brown (A. J.) **The Framework of Regional Economics in the United Kingdom** (National Institute of Economic and Social Research. Economic and Social Studies 27) Cambridge University Press 1972

Central Office of Information - **Regional Development in Britain** HMSO 1973

Central Office of Information - **Town and Country Planning in Britain** HMSO 1972

Confederation of British Industry - **Reshaping regional policy; an analysis of present policy and proposals for the future** (CBI, 1972)

Department of Trade and Industry - **Incentives for Industry in the Assisted Areas** HMSO 1972

Eversley, D. E. - **Population changes and regional policy since the war** (Regional Studies, December 1971)

Lind, H. - **Regional policy in Britain and the Six:** Political and Economic Planning European Series No. 15 (Royal Institute of International Affairs, 1970)

Manners, G., Keeble, D., Rodgers, B. and Warren, K. - **Regional development in Britain** (John Wiley and Son, 1972)

McCrone, G. - **Regional policy in Britain** (Allen and Unwin, 1969)

Schaffer, F. - **The New Town Story** (McGibbon and Kee 1970)

Stillwell, F. J. B. - **Regional economic policy** (Macmillan, 1972)

Thomas, R. - **Aycliffe to Cumbernauld - A Study of Seven New Towns in their Regions** (Political and Economic Planning broadsheet 516 December 1969)

Townroe, P. M. - **Industrial location and regional economic policy:** a selected bibliography (Centre of Urban and Regional Studies, University of Birmingham, Occasional Paper No. 2, 1968)

Wilson, T. - **Policies for regional development,** Glasgow, University Social and Economic Study, Occasional Paper No. 3 (Oliver and Boyd, 1964)

Abkürzungen/Abbreviations

Abs.	Absatz
art.	article
BAnz.	Bundesanzeiger
BauNVO	Baunutzungsverordnung
Bay.	Bayern
BBauG	Bundesbaugesetz
BFStrG	Bundesfernstraßengesetz
BGBl.	Bundesgesetzblatt
Bln.	Berlin
Br.	Bremen
BRD	Bundesrepublik Deutschland
BTDrucks.	Bundestagsdrucksache
BW	Baden-Württemberg
bzw.	beziehungsweise
ca.	circa
cf.	confer/compare
Cmnd.	Command paper
DOE	Department of the Environment
EEC	European Economic Community
EFTA	European Free Trade Association
e. g.	exempli gratia/for example
etc.	and so on
et seq.	et sequentia/and what follows
EWG	Europäische Wirtschaftsgemeinschaft
f.	femininum/weiblich
FAO	Food and Agriculture Organization
fpl.	femininum pluralis/weiblich Mehrzahl
FRG	Federal Republic of Germany
GB	Großbritannien / Great Britain
GDR	German Democratic Republic
Ges.-Bl.	Gesetzblatt
GG	Grundgesetz der Bundesrepublik Deutschland
GMBl.	Gemeinsames Ministerialblatt des Bundes
GVBl.	Gesetz- und Verordnungsblatt
GV. NW.	Gesetz- und Verordnungsblatt Nordrhein-Westfalen
Hbg.	Hamburg
Hess.	Hessen
HMSO	Her Majesty's Stationery Office
i. e.	id est/that is
LA	Local Authority
LaplG, LPlG	Landesplanungsgesetz
LEP	Landesentwicklungsplan
LPA	Local Planning Authority
m.	masculinum/männlich
MHLG	Ministry of Housing and Local Government

MKRO	Ministerkonferenz für Raumordnung
mpl.	masculinum pluralis/männlich Mehrzahl
n.	neutrum/sächlich
NATO	North Atlantic Treaty Organization
Nds., Ns.	Niedersachsen
No./Nos.	number/numbers
npl.	neutrum pluralis/sächlich Mehrzahl
Nr./Nrn.	Nummer/Nummern
NRW	Nordrhein-Westfalen
OECD	Organization for Economic Co-operation and Development
pl.	plural
Rh.-Pf.	Rheinland-Pfalz
RO	Raumordnung
ROB	Raumordnungsbericht
ROG	Raumordnungsgesetz des Bundes
S.	Seite
s.	siehe
Saar	Saarland
SH	Schleswig-Holstein
sog.	sogenannte
StBFG	Städtebauförderungsgesetz
TCP Acts	Town and Country Planning Acts
UK	United Kingdom of Great Britain and Northern Ireland
usw.	und so weiter
vgl.	vergleiche
VK	Vereinigtes Königreich Großbritannien und Nordirland
WHO	World Health Organization
z. B.	zum Beispiel
z. Zt.	zur Zeit
§	Paragraph

TEIL I

Einführung

Die Ziele und Probleme der Raumordnung sind in der Bundesrepublik Deutschland wie im Vereinigten Königreich im wesentlichen die gleichen. Unterschiede bestehen jedoch in den Methoden und Mitteln der Raumordnung.

Die wesentlichen Merkmale der beiden Systeme sind nachstehend wiedergegeben. Der organisatorische Aufbau der Raumordnung im Vereinigten Königreich und in der Bundesrepublik Deutschland wird durch zwei Organisationsschemata in der Sprache des jeweiligen Landes veranschaulicht.

Wegen des engen Zusammenhanges mit der Raumordnung wurden auch eine Anzahl von Begriffen des Städtebaues und des Umweltschutzes aufgenommen. Grundsätzlich wurde bei Ausdrücken, die sowohl in der Raumordnung als auch in anderen öffentlichen Aufgabenbereichen verwendet werden, in erster Linie die Bedeutung für die Raumordnung erläutert. Ferner beschränkt sich das Wortgut auf den Sprachgebrauch im Vereinigten Königreich und der Bundesrepublik Deutschland; den Sprachgebrauch im sonstigen englischen und deutschen Sprachraum zu berücksichtigen, hätte den der Kommission gesetzten Rahmen überschritten.

Die Raumordnung ist eine junge, in rascher Entwicklung befindliche Aufgabe. Deshalb hat es sich als notwendig erwiesen, die einschlägigen Rechtsgrundlagen in einem breiteren Umfang darzustellen sowie durch Karten und graphische Darstellungen zu ergänzen.

PART I

Introduction

The aims and problems of regional policy in both the Federal Republic of Germany and the United Kingdom are very similar. There are, however, differences between them in the means and methods of regional policy to achieve these aims.

The relevant characteristics of both systems are outlined in the following sections and the organization of regional policy in the United Kingdom and in the Federal Republic of Germany are illustrated in two diagrams in German and English respectively.

Because of their close links with regional policy a number of terms of town planning and environmental conservation have been included in this volume. In these and other cases where a term is used in both regional policy and in other spheres of public administration the principle has been adopted to give first and foremost the meaning which a term has within the vocabulary of regional policy. The terms included are furthermore limited to those in usage in the United Kingdom and Federal Germany; it would have transgressed the terms of reference of the commission also to include terms in other countries of the German language area and the English speaking world.

Regional policy is a young branch of public affairs and is developing rapidly. For that reason it was considered necessary to give somewhat more extensive references than may be found in other volumes of this series and furthermore to supplement those with maps and diagrams.

Raumordnung in der Bundesrepublik Deutschland

1. Raumordnungspolitische Zielsetzungen

Für die Bundesrepublik Deutschland sind die wichtigsten raumordnungspolitischen Zielsetzungen im Raumordnungsgesetz des Bundes niedergelegt. Dieses Gesetz enthält zunächst das Leitbild für die Ordnung und Entwicklung bestimmter Gebietskategorien, vor allem der Verdichtungsräume, der ländlichen Gebiete, der Rückstandsgebiete und des Zonenrandgebietes. Besonders wichtig ist der Raumordnungsgrundsatz, daß einer Entleerung des ländlichen Raumes durch den Ausbau der Infrastruktur in Gemeinden mit zentralörtlicher Bedeutung entgegengewirkt werden soll. Die Raumordnungspolitik bekennt sich damit zu einer aktiven Sanierung des ländlichen Raumes und lehnt - zumindest die großräumige - passive Sanierung, das heißt die Sanierung durch Abwanderung der Bevölkerung in die Verdichtungsräume, ab. In den großen Verdichtungsräumen der Bundesrepublik leben heute fast 50 % der Bevölkerung auf etwa 7 % der Fläche des Bundesgebietes. Dort gilt es vor allem, bereits eingetretene negative Verdichtungsfolgen abzubauen; der weitere Verdichtungsprozeß ist in geordnete Bahnen zu lenken. Das Raumordnungsgesetz schreibt ausdrücklich vor, daß die Entwicklung in den Verdichtungsräumen nicht einseitig zum Nachteil der ländlichen Gebiete gefördert werden darf. Weitere Raumordnungsgrundsätze, die für sämtliche Gebietskategorien gelten, fordern u. a. die Reinhaltung des Wassers, die Sicherung der Wasserversorgung, die Reinhaltung der Luft, den Schutz der Allgemeinheit vor Lärmbelästigungen, die Sicherung und Gestaltung von Erholungsgebieten sowie die Erhaltung, den Schutz und die Pflege der Landschaft einschließlich des Waldes. Gerade die zuletzt genannten Raumordnungsgrundsätze machen deutlich, daß der Raumordnung große Bedeutung für den Umweltschutz zukommt.

2. Verwaltungsstruktur

Für die Raumordnung spielt der föderative Aufbau der Bundesrepublik Deutschland und das verfassungsrechtlich geschützte Selbstverwaltungsrecht der Gemeinden eine große Rolle. Folgende Verwaltungsebenen sind zu unterscheiden:

a) die Ebene des Bundes

Zur Bundesverwaltung gehören neben den Bundesministerien eine Reihe von Sonderverwaltungen, von denen für die Raumordnung vor allem die Bundesbahn, die Bundespost und die Verwaltung der Bundeswasserstraßen von Bedeutung sind. Innerhalb der Bundesregierung ist der Bundesminister für Raumordnung, Bauwesen und Städtebau zuständig. Die Bundesfernstraßen werden von den Ländern im Auftrag des Bundes geplant und verwaltet.

Regional Policy in the Federal Republic of Germany

1. The aims of regional policy

In the Federal Republic of Germany, the most important aims of regional policy are laid down in the Federal Regional Policy Act (Bundesraumordnungsgesetz). Along with other considerations the Act embodies an overall framework for the planning and development of specific types of area, in particular the major areas of urban congestion, rural areas, development areas and the area bordering the GDR (Zonenrandgebiet). A particularly important regional policy principle is the one which seeks to counteract the depopulation of rural areas by the improvement of infrastructure in country towns which have central (place) functions. Regional policy thus favours active renewal in rural areas and rejects, at least on any large scale, "passive" renewal, that is, improvement generated by the out-migration of population to areas of urban congestion. The major urbanized areas of Federal Germany already contain almost half of the country's population on about 7 % of its area. In these areas it is important to reduce and eliminate the negative consequences which have already arisen from congestion and to ensure that any further urban concentration is channelled into planned corridors. The Regional Policy Act specifically states that development in the areas of urban congestion should not be one-sidedly encouraged at the expense of rural areas. Further principles of regional policy relating to all types of area demand, among other things, prevention of water pollution, conservation of water resources, prevention of air pollution, protection of the general public from noise nuisance, and protection and conservation of the landscape, including the country's forests. These latter principles of regional policy in particular show clearly that regional policy is of major importance for environmental protection.

2. Administrative structure

The federal structure of Germany and the constitutionally guaranteed right of self-determination enjoyed by local authorities (Gemeinden) is of major importance in regional policy. The following administrative levels can be distinguished:

a) the federal level

In addition to the federal ministries there are a number of special purpose authorities, of which the Federal Railways, the Post Office and the waterways administration are particularly important for regional policy. Within the Federal Government, the Minister for Regional Policy, Construction and Town Planning is responsible for matters of regional policy. The planning and maintenance of federal trunk roads is carried out by the *Länder* on behalf of the Federal Government.

b) **die Ebene der Länder**
In den Ländern der Bundesrepublik Deutschland ist sowohl die Organisation als auch die ressortmäßige Zuordnung der Raumordnung unterschiedlich geregelt. In den Ländern Hamburg, Hessen, Nordrhein-Westfalen, Rheinland-Pfalz und Schleswig-Holstein ist der Regierungschef für die Raumordnung zuständig, in den Ländern Baden-Württemberg, Niedersachsen und im Saarland der Innenminister, in Bremen und Berlin der Senator für das Bau- und Wohnungswesen, während Bayern vor kurzem ein besonderes Ministerium für Landesentwicklung und Umweltschutz gebildet hat.

c) **die Ebene der Kommunen** (Gemeinden und Landkreise)
Abgesehen von den Stadtstaaten Berlin, Bremen und Hamburg umfaßt jedes Land eine Vielzahl von Gemeinden. Die kleineren und mittleren Gemeinden sind zu Landkreisen zusammengefaßt. Die Landkreise nehmen diejenigen kommunalen Aufgaben wahr, die die Leistungsfähigkeit der Gemeinden übersteigen. Für die staatliche Raumordnung sind die Gemeinden deshalb besonders wichtig, weil sie nach dem Grundgesetz und dem Bundesbaugesetz - und zwar ohne Rücksicht auf ihre Größe - die Planungshoheit für die städtebauliche Entwicklung besitzen. In den meisten Ländern ist zur Zeit eine kommunale Gebietsreform im Gange. Ihr Ziel ist es, den für eine befriedigende Aufgabenerfüllung oft zu kleinen Gemeinden und Landkreisen einen größeren räumlichen Zuschnitt zu geben und ihre Grenzen besser den tatsächlichen Lebens- und Wirtschaftsräumen anzupassen, die sich während der vergangenen Jahrzehnte über die Verwaltungsgrenzen hinweg entwickelt haben.

Bund, Länder und Gemeinden sind in ihren Budgets rechtlich selbständig. Die Bedeutung dieser Selbständigkeit, vor allem für raumwirksame Investitionen, wird am Umfang der Budgets deutlich: 1971 umfaßte der Bundeshaushalt rund 100 Milliarden, die Haushalte der 11 Länder zusammen rund 81 Milliarden und die Haushalte allein der Städte mit mehr als 10 000 Einwohnern bereits 39 Milliarden Deutsche Mark. Von diesen insgesamt 220 Milliarden Deutsche Mark sind ca. 20 % = 44 Milliarden Deutsche Mark raumwirksame Mittel; dies macht deutlich, daß eine der wesentlichsten Aufgaben der Raumordnungspolitik in Deutschland in der Regionalisierung der Bundesmittel nach Raumordnungszielsetzungen und einer entsprechenden Regionalisierung der Landesmittel besteht.

Durch eine Änderung des Grundgesetzes wurden 1969 einige Aufgaben der Länder, die für die Gesamtentwicklung des ganzen Bundesgebietes von Bedeutung sind, zu Gemeinschaftsaufgaben von Bund und Ländern erklärt. Es handelt sich dabei um den Ausbau und Neubau von wissenschaftlichen Hochschulen, einschließlich der Hochschulkliniken, um die Verbesserung der regionalen Wirtschaftsstruktur und um die Verbesserung der Agrarstruktur und des Küstenschutzes. Die Besonderheit der Gemeinschaftsaufgaben liegt darin, daß ihre Erfüllung vom Bund und von den Ländern gemeinschaftlich geplant und finanziert wird. Die verbindliche Planung obliegt besonderen Planungsausschüssen, in denen der Bund einerseits und die Länder andererseits mit je gleicher Stimmenzahl vertreten sind.

b) the *Land* level

The organization and administrative responsibility for regional policy varies between the *Länder* of the Federal Republic. In Hamburg, Hesse, North Rhine-Westphalia, Rhineland-Palatinate and Schleswig-Holstein, the respective Chief Minister is responsible for regional policy; in Baden-Württemberg, Lower Saxony and the Saarland, powers are exercised by the Minister of the Interior, in Bremen and Berlin by the Senator for Public Works and Housing, while Bavaria has recently created a special Ministry for Development and Protection of the Environment.

c) the local authority level (Gemeinden and Landkreise)

Apart from the City States of Berlin, Bremen and Hamburg, every *Land* contains a large number of *Gemeinden*. Small and medium-size *Gemeinden* are joined together into rural districts (Landkreise) which exercise those local authority functions which are beyond the resources of the individual *Gemeinden*. The *Gemeinden* are particularly important for the regional policy of the State because the Constitution (Grundgesetz) and the Federal Building Act (Bundesbaugesetz) grant them, irrespective of their size, unconditional sovereignty over urban planning and development. In most of the *Länder,* local government reform is currently in progress. The aim of these reforms is to create *Gemeinden* and *Kreise* large enough for the satisfactory discharge of their functions, something which their small size often makes impossible at present. In addition, the new boundaries should accurately reflect the spatial units of living and working which have developed over the past few decades regardless of administrative boundaries.

The Federal Government, the *Länder,* and the local authorities are, in terms of their financial budgeting, constitutionally independent. The importance of this independence, particularly for investments with regional implications, can be clearly seen from the size of their relevant budgets. In 1971, the federal budget was about 100,000 million DM, the combined budgets of the 11 *Länder* were about 81,000 million DM and the budgets of towns with more than 10,000 inhabitants alone came to 39,000 million DM. Of this total about of 220,000 million DM, about 20 % (i. e. 44,000 million DM) can be said to have been regionally relevant. This shows clearly that one of the most important tasks in the development of regional policy in Germany is the regionalization of federal resources in pursuit of regional policy objectives and a corresponding spatial discrimination in *Länder* resources.

Following an Amendment to the Constitution in 1969, certain activities hitherto reserved for the *Länder,* but of significance for the development of the country as a whole, were declared to be joint tasks (Gemeinschaftsaufgaben) of the Federal Government and the *Länder*. They included the expansion of the university system including teaching hospitals, the improvement of regional economic structure, the improvement of agrarian structure and coastal protection. The special character of these joint tasks lies in the fact that their execution is jointly planned and financed by the Federal Government and the *Länder*. This legally binding planning is carried out by special planning committees, on which the Federal Government and the *Länder* have equal representation.

Zur Harmonisierung ihrer Raumordnungspolitik haben der Bund und die Länder eine ständige Ministerkonferenz für Raumordnung gebildet. Diese Konferenz vermittelt durch Empfehlungen Grundlagen für die Raumordnungspolitik und die raumwirksamen Fachplanungen und -maßnahmen im Bund und in den Ländern.

3. Gesetzliche Grundlagen

Der Bund besitzt auf dem Gebiet der Raumordnung zwei Gesetzgebungskompetenzen:

a) eine ausschließliche Vollkompetenz für die Bundesraumordnung,

b) eine Rahmenkompetenz für die Landesraumordnung.

Aufgrund seiner Kompetenz für die Bundesraumordnung hat der Bund die Erarbeitung eines Bundesraumordnungsprogramms in Angriff genommen. Es wird ein Instrument der Selbstkoordinierung für alle raumordnungspolitisch bedeutsamen Planungen und Maßnahmen im Bundesbereich sein und zugleich den Ländern als Orientierungshilfe ein Überblick über die beabsichtigten Bundesmaßnahmen gegeben. In seinem Raumordnungsgesetz von 1965 hat sich der Bund im wesentlichen darauf beschränkt, die bereits genannten materiellen Raumordnungsgrundsätze festzulegen. Sie sind für alle mit raumbedeutsamen Planungen und Maßnahmen befaßten Bundesbehörden, aber auch für die Landesplanung in den Ländern verbindlich. Die Länder sind verpflichtet, diese Grundsätze - die durch eigene Grundsätze der Länder ergänzt werden können - für ihr Gebiet in Raumordnungsprogrammen und -plänen zu konkretisieren.

Die Länder besitzen eine durch die Kompetenzen des Bundes begrenzte ausschließliche Vollkompetenz für die Landesraumordnung (Landesplanung). Sie haben von dieser Kompetenz durch den Erlaß von Landesplanungsgesetzen Gebrauch gemacht. Die meisten Länder haben inzwischen Landesentwicklungsprogramme oder -pläne als übergeordnete, überörtliche und zusammenfassende Planungen aufgestellt. Da sich diese Programme und Pläne jeweils auf das ganze Land beziehen, können sie weithin nicht so konkret sein, wie dies zur planerischen Lösung aller wichtigen Einzelfragen notwendig wäre. Die Länder haben daher in ihren Landesplanungsgesetzen Rechtsgrundlagen für die Regionalplanung geschaffen, worunter in der Bundesrepublik die Raumordnung für Teilräume eines Bundeslandes zu verstehen ist. Die Regionalpläne schlagen vor allem die Brücke zwischen den Landesentwicklungsprogrammen und -plänen der Länder und der Bauleitplanung der Gemeinden. Im einzelnen ist die Organisation der Regionalplanung unterschiedlich geregelt. Einige Länder stellen die Regionalpläne selbst auf. Die größeren Länder haben die Regionalpläne dagegen zumeist auf besondere öffentlich-rechtliche Körperschaften (Regionale Planungsverbände, Regionalverbände) übertragen. Die von ihnen erarbeiteten Regionalpläne bedürfen regelmäßig der Billigung durch die Landesregierung oder die Aufsichtsbehörde des jeweiligen Landes.

Die Raumordnungsprogramme und -pläne der Länder sowie die Regionalpläne enthalten verbindliche Festlegungen („Ziele der Raumordnung und Landesplanung"), die von allen öffentlichen Planungsträgern, grundsätzlich auch vom Bund, zu beachten sind. Zahlreiche Gesetze, die Sachverhalte

In order to harmonize their regional policies, the Federal Government and the *Länder* have created a standing ministerial conference for matters of regional policy and planning. Through its recommendations this conference provides a common basis for the regional policy and spatially relevant sectoral planning measures of the Federal Government and the *Länder*.

3. The legal basis

The Federal Government can legislate for regional policy through two powers

a) the specific power to formulate regional policy at the national level,

b) the power to define a framework within which regional policy at the *Land* level should operate.

On the basis of its powers to formulate regional policy at the national level, the Federal Government has begun to prepare a federal regional policy programme. This will be an instrument for the co-ordination of all regionally relevant federal plans and actions and, at the same time, will give the *Länder* a review of the Federal Government's intentions as a guide for their own measures. The Federal Government, in the Regional Policy Act of 1965, largely restricted itself to setting out the principles of regional policy mentioned above. These are legally binding on all federal authorities involved in regionally relevant planning and executive actions and, in addition, are binding for regional planning in the various *Länder*. The *Länder* are obliged to take these principles - expanded where appropriate to suit the conditions of each individual *Land* - and to express them in firm regional policy programmes and plans for their area.

Apart from the powers held by the Federal Government, the *Länder* are the authorities responsible for regional policy at the *Land* level (Landesplanung). They have used these powers to pass regional planning legislation. Most of the *Länder* have also set up *Land* development programmes or plans to ensure comprehensive planning. Since these programmes and plans relate to the entire area of a *Land* they cannot, of necessity, be firm enough to specify solutions for all individual important planning problems. In consequence the *Länder,* in their regional planning legislation, have made provision for subregional planning, i. e., for planning parts of a *Land*. Subregional plans are of special significance in that they provide the link between the development programmes and plans of the *Länder* and the local development plans of the *Gemeinden*. The details of the organization of subregional planning vary from *Land* to *Land*. Some *Länder* formulate subregional plans centrally. The larger ones, however, have mostly delegated the preparation of subregional plans to specially created public agencies (Regionale Planungsverbände, Regionalverbände). The subregional plans prepared by these agencies usually require the approval of the *Land* government or an otherwise designated supervisory body.

The regional policy programmes and plans and the subregional plans formulated by the *Länder* contain legally binding policy guide-lines (Objectives of Regional Policy) which have to be observed by all public planning agencies and, in their fundamentals, by the Federal Government as well. Many

regeln, die für die Raumordnung bedeutsam sind, wie zum Beispiel das Bundesfernstraßengesetz, das Bundeswasserstraßengesetz, das Bundesbaugesetz, das Städtebauförderungsgesetz oder das Gesetz über die Gemeinschaftsaufgabe „Verbesserung der regionalen Wirtschaftsstruktur", enthalten Bestimmungen (sog. Raumordnungsklauseln), wonach die betreffenden Fachbereiche bei ihren Planungen und Maßnahmen die Festlegungen der Raumordnung zu beachten haben. Die besondere Bedeutung der Ziele der Raumordnung und Landesplanung liegt darin, daß die Vergabe öffentlicher Investitionen und Fördermittel daran gebunden ist. Aus dieser Steuerung der Haushaltsmittel ergeben sich indirekt beachtliche Auswirkungen für die Wirtschaft, die an sich an die Raumordnungsprogramme und -pläne nicht gebunden ist.

4. Mittel der Raumordnung

Wichtigste Mittel der Raumordnung sind die Raumordnungsprogramme und -pläne, also das (künftige) Bundesraumordnungsprogramm, die Landesentwicklungsprogramme und -pläne sowie die Regionalpläne. Vor allem mit diesen Instrumenten hat die Raumordnung ihren gesetzlichen Auftrag zu erfüllen,

- die vielfältigen raumordnungspolitischen Maßnahmen des Bundes, der Länder und der Kommunen und innerhalb dieser Gebietskörperschaften die zahlreichen raumwirksamen Fachplanungen und Investitionen, zum Beispiel im Bereich des Bildungswesens, des Verkehrs, der Energiepolitik, der regionalen Wirtschaftsförderung oder des Wohnungsbaus, auf einheitliche raumordnerische Zielsetzungen zu koordinieren und dadurch in ihrer Effizienz zu steigern,
- der Bauleitplanung der Gemeinden und damit der städtebaulichen Entwicklung den aus überörtlicher Sicht notwendigen Rahmen zu setzen,
- darüber zu entscheiden, welcher von mehreren konkurrierenden Raumansprüchen im Einzelfall Vorrang haben soll, zum Beispiel Sicherung von Wasserreserven oder von Erholungsräumen gegenüber Ansprüchen von Siedlungen oder Verkehr,
- aufzuzeigen, welche Gebiete im Vergleich zu anderen Räumen in ihrer Entwicklung zurückgeblieben sind und deswegen von der öffentlichen Hand besonders unterstützt werden müssen, zum Beispiel durch Finanzhilfen an Gemeinden und Unternehmer für die Erschließung von Industriegelände und die Schaffung nichtlandwirtschaftlicher Arbeitsplätze im Rahmen der regionalen Wirtschaftsförderung.

Das eigentliche raumordnerische Grundgerüst der bisher aufgestellten Raumordnungsprogramme und -pläne bilden die darin ausgewiesenen Entwicklungsachsen, zentralen Orte, Entlastungsorte und anderen Entwicklungsschwerpunkte. Hier soll sich die weitere Entwicklung der Wohn- und Arbeitsstätten in erster Linie vollziehen. Die damit verbundene räumliche Konzentration der Siedlungsentwicklung soll einerseits einem ringförmigen Wachstum der Verdichtungsräume entgegenwirken und die Verdichtungsräume entlasten. Andererseits sollen im ländlichen Raum mittlere und kleinere Siedlungsverdichtungen entwickelt werden, in denen eine dem allgemeinen Lebensstandard entsprechende Infrastruktur, aber auch private Dienstleistungseinrichtungen sinnvoll ausgelastet werden können.

laws dealing with matters relevant to regional policy contain specific provisions (so-called regional policy clauses) under which the sectors affected have to observe the requirements of regional policy. Examples of such acts include the Federal Trunk Roads Act, the Federal Waterways Act, the Federal Building Act, the Federal Urban Renewal Act or the Act for the Joint Task "Improvement of Regional Economic Structure". The particular importance of the objectives of regional policy and planning lies in the fact that the distribution of public investment and subsidies is tied to them. This direction of budgetary resources results in indirect but significant effects on the economy which in itself is not directly tied to regional policy programmes and plans.

4. Implementation of regional policy

The most important tools of regional policy are the regional policy programmes and plans, that is, the (impending) Federal Regional Policy Programme, the *Land* Development Programmes and Plans, and their subregional plans. With these instruments, regional policy has to fulfil the tasks given to it by legislation, namely:
- to co-ordinate the manifold actions of Federal, *Land* and local authorities insofar as they affect spatial patterns; and to see that the various types of sectoral planning and investment within these areas, for example, in education, transport, energy policy, encouragement of regional growth, or housing are carried out in pursuit of common planning objectives so that their effectiveness is increased;

- to provide the necessary large-scale framework for local authority town planning and thus for urban development in general;
- to decide which of a number of competing demands for land should have precedence in individual cases, for example, the conservation of water resources or of recreation areas as opposed to the demands of housing or transport;
- to highlight those areas which have slipped behind in their development as compared to other areas and which therefore require special support from the public sector, for example, by financial assistance to local authorities and businessmen for the development of industrial sites and the creation of non-agricultural jobs within the context of regional economic assistance.

The basic planning content of the regional policy programmes and plans described above are the Development Axes, Central Places, Overspill Towns and other designated development foci. It is intended that the future development of housing and work areas shall be mainly channelled into them. The spatial concentration of settlement growth thus implied is intended, on the one hand, to counter peripheral growth of the major urban agglomerations and to relieve pressure on the agglomerations. On the other hand it is intended that medium-sized and small settlement concentrations should develop in rural areas, with an infrastructure which not only fulfils all the requirements of a modern standard of living, including private sector services, but is also used at an optimal intensity.

Organisatorischer Aufbau der Raumordnung in der Bundesrepublik Deutschland

BUNDESEBENE

Kabinettsausschuß für Raumordnung, Regionalplanung und Städtebau
Bundesminister für Raumordnung, Bauwesen und Städtebau
Interministerieller Ausschuß für Raumordnung (IMARO)

Zusammenarbeit zwischen Bund und Ländern

Ministerkonferenz für Raumordnung

Ebene	Baden-Württemberg	Bayern	Hessen	Niedersachsen	Nordrhein-Westfalen	Rheinland-Pfalz	Saarland	Schleswig-Holstein	Berlin	Bremen	Hamburg
LANDESEBENE	Innenministerium als oberste Landesplanungsbehörde	Staatsministerium für Landesentwicklung und Umweltfragen als oberste Landesplanungsbehörde	Ministerpräsident als oberste Landesplanungsbehörde	Minister des Innern als oberste Landesplanungsbehörde	Ministerpräsident als oberste Landesplanungsbehörde	Ministerpräsident als oberste Landesplanungsbehörde	Minister des Innern als oberste Landesplanungsbehörde	Ministerpräsident als Landesplanungsbehörde	Senator für Bau- und Wohnungswesen	Senator für das Bauwesen	Staatskanzlei Planungsstab
BEZIRKSEBENE	4 Regierungspräsidien als höhere Landesplanungsbehörden	7 (Bezirks) Regierungen als höhere Landesplanungsbehörden	2 Regierungspräsidenten als Bezirksplanungsstellen	8 Regierungspräsidenten (bzw. Präsidenten der Verwaltungsbezirke) als höhere Landesplanungsbehörden	6 Regierungspräsidenten und die Landesbaubehörde Ruhr als Bezirksplanungsbehörden	3 Bezirksregierungen als obere Landesplanungsbehörden			In den Stadtstaaten gibt es keinen organisatorischen Unterbau auf dem Gebiete der Raumordnung. An die Stelle von Raumordnungsprogrammen und -plänen tritt der Flächennutzungsplan nach dem Bundesbaugesetz.		
KREISEBENE	Landratsämter als untere Landesplanungsbehörden	Kreisverwaltungen als untere Landesplanungsbehörden	Landrat als Behörde der Landesverwaltung	Landkreise und kreisfreie Städte als untere Landesplanungsbehörden	Oberkreisdirektor als untere staatliche Verwaltungsbehörde für die Planungsaufsicht im Landkreis	Landratsämter als untere Landesplanungsbehörden	Landrat als untere staatliche Verwaltungsbehörde				
EBENE DER REGIONALPLANUNG	Regionalverbände als Träger der Regionalplanung	Regionale Planungsverbände aus Gemeinden u. Landkreisen als Träger der Regionalplanung	Planungsgemeinschaften aus kreisfreien Städten und Landkreisen. In Großregionen Verbände aus regionalen Planungsgemeinschaften als Träger der Regionalplanung	Regionalplanung der Planungsgemeinschaften aus Landkreisen und kreisfreien Städten; außerdem Großraum-Hannover-Verband als Träger der Regionalplanung	3 Landesplanungsgemeinschaften (Rheinland, Westfalen und Siedlungsverband Ruhrkohlenbezirk) als Träger der Regionalplanung	9 regionale Planungsgemeinschaften, die aus Ämtern und Gemeinden gebildet sind, als Träger der Regionalplanung	Landkreise sowie Planungsverbände, die aus Ämtern und Gemeinden gebildet sind, als Träger der Regionalplanung				

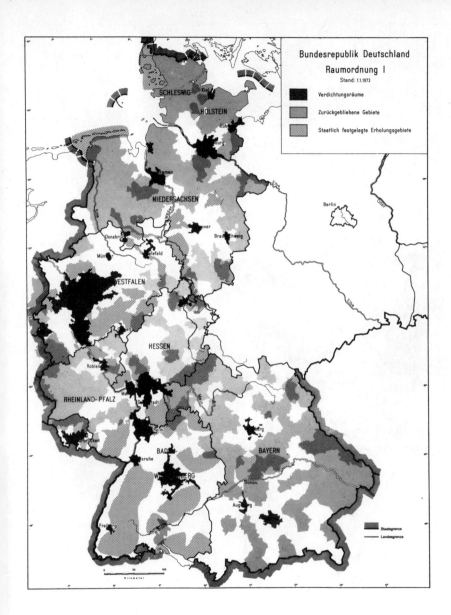

Bundesrepublik Deutschland

Raumordnung I

Stand: 1.1.1973

- Verdichtungsräume
- Zurückgebliebene Gebiete
- Staatlich festgelegte Erholungsgebiete

SCHLESWIG-HOLSTEIN

NIEDERSACHSEN

WESTFALEN

HESSEN

RHEINLAND-PFALZ

BADEN-WÜRTTEMBERG

BAYERN

Berlin

Staatsgrenze
Landesgrenze

Kilometer

31

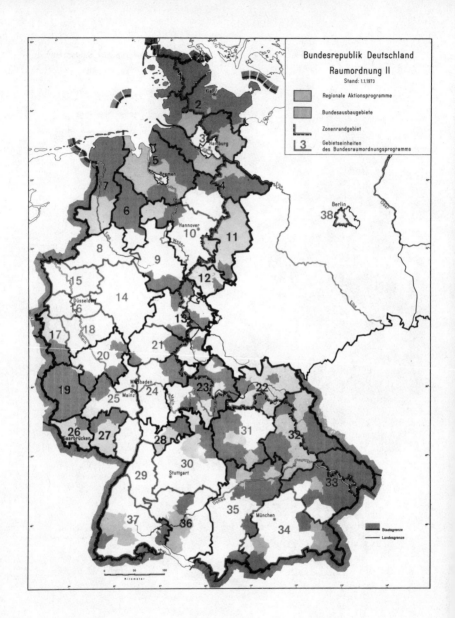

Raumordnung im Vereinigten Königreich Großbritannien und Nordirland

1. Die Voraussetzungen

Von der Bevölkerung des Vereinigten Königreiches lebt die überwiegende Mehrheit in England; Wales, Schottland und Nordirland weisen im Vergleich dazu wenig Einwohner auf. In den letztgenannten drei Teilbereichen des Vereinigten Königreiches wohnt der überwiegende Bevölkerungsanteil in den städtischen Gebieten von Mittelschottland, Südwales und im Raum von Belfast; die anderen Teile sind vergleichsweise recht dünn besiedelt. Auch in England lebt ein hoher Prozentsatz der Bevölkerung in den größten städtischen Verdichtungsräumen; im Gegensatz zu Wales, Schottland und Nordirland sind jedoch auch die übrigen Gebiete verhältnismäßig dicht und gleichmäßig besiedelt. Die Entwicklung der letzten fünfzig Jahre führte in den nördlicher gelegenen Räumen von England und in Wales, Schottland und Nordirland zu einer nur langsamen Bevölkerungszunahme, ja zum Teil zu einer Bevölkerungsabnahme; diese ging Hand in Hand mit einer überalterten Beschäftigungsstruktur und unzureichender städtischer Infrastruktur. Im Gegensatz dazu befinden sich die Midlands und Südengland, besonders der Südosten, in einer ausgesprochenen Wachstumsperiode. In den Verdichtungsräumen Englands geht der Trend dahin, daß sich einerseits die Bevölkerung zunehmend in den Verdichtungsräumen konzentriert, während sie in den entlegeneren Gebieten abnimmt, andererseits jedoch eine stetige Dezentralisierung von Arbeitsplätzen, Dienstleistungen und Wohnbevölkerung in den Verdichtungsräumen stattfindet.

2. Raumordnungspolitische Zielsetzungen

Die Raumordnungspolitik im Vereinigten Königreich war in ihren Anfängen besonders mit zwei Aufgabenbereichen beschäftigt: der Arbeitslosigkeit in den alten Industriegebieten von Nordengland, Schottland, Wales und Nordirland durch Förderung der Schaffung neuer Arbeitsplätze entgegenzuwirken und in Südostengland und den West Midlands ein übermäßiges Wachstum der Industrie zu verhindern. In der jüngsten Vergangenheit entwickelte sich die Raumordnungspolitik dahingehend, daß man zusätzlich zu diesen direkten Maßnahmen auch die Erneuerung und Verbesserung der regionalen Infrastruktur als ein Mittel einsetzte, um Wirtschaftswachstum anzuregen und aufrechtzuerhalten. Neuerdings tritt als raumordnungspolitisches Ziel hinzu, in allen Gebieten gleiche Voraussetzungen nicht nur im Bereich der Wirtschaft, sondern im gesamten gesellschaftlichen Bereich zu schaffen. Alle Regierungen versuchten in ihrer sektoralen Politik, z. B. auf den Gebieten des Fernstraßenbaus, der Seehäfen, der Energiepolitik, des Wohnungsbaus und der Wiedernutzbarmachung von Industrieödland, sicherzustellen, daß die weniger wohlhabenden Räume spürbare Vorteile daraus gewinnen.

Regional Policy in the United Kingdom of Great Britain and Northern Ireland

1. The Context

A large majority of the population of the United Kingdom is concentrated in England, with Wales, Scotland and Northern Ireland containing relatively little population. In the latter three countries most of the population lives in the urban areas of Central Scotland, South Wales and in the Belfast area, the other parts being relatively thinly settled. In England, too, a large part of the population is concentrated in the largest urban centres, but, in contrast to Wales, Scotland and Northern Ireland, there is a fairly even spread of settlement outside these centres. The last 50 years have seen slow growth or even absolute decline of population in the more northern regions of England and in Wales, Scotland and Northern Ireland, associated with an out-dated structure of employment and poor urban infrastructure. In contrast, the midland and southern regions of England, especially the South East, are experiencing rapid growth. Within each region there is a tendency for population to concentrate into the major agglomerations and decline in the more remote areas while, within the urban areas, a steady decentralization of employment, services and residential population is occurring.

2. Aims of Regional Policy

Regional policy in the United Kingdom was, in its origins, very much concerned with the creation of new employment in the areas of declining basic industry in Northern England, Scotland, Wales and Northern Ireland, and with the restriction of excessive industrial growth in South East England and the West Midlands. In recent years policy has developed from a reliance on the direct encouragement of employment growth to encompass also the renewal and improvement of regional infrastructure as a means by which economic growth can be encouraged and sustained. It is also now an aim of policy to create equality of opportunity in social conditions as well as economic structure. Successive Governments have attempted, in their formulation of national policies, such as those for highway construction, port development, the energy industry, housing and derelict land, to ensure that the less prosperous regions of the UK gain some tangible advantage.

3. Gesetzliche Grundlagen

Die gesetzliche Grundlage für die Hauptelemente der Raumordnungspolitik wurde in den späten vierziger Jahren geschaffen, in den fünfziger und sechziger Jahren den neuen Verhältnissen angepaßt und wird seit 1970 noch umfassender ausgebaut. So wurde zum Beispiel das Industrieansiedlungsgesetz (Distribution of Industry Act) von 1945, das die Grundlage für die Kontrolle der Industrieansiedlung lieferte, seither durch eine Reihe weiterer Gesetze in diesem Bereich fortentwickelt, neuerdings insbesondere durch das Industriegesetz (Industry Act) von 1972. Die Gesetzgebung für Entlastungsorte (New Towns Act 1946, Town Development Act 1952) wurde auch dazu verwendet, die raumordnungspolitischen Ziele zu fördern. Seit ihrer ersten Formulierung 1947 gewannen die Gesetze über Bauleitplanung (Town and Country Planning Acts) für die Raumordnung zunehmend Bedeutung durch die Neufassungen von 1968 und 1971. Diese Bedeutung liegt darin, daß in Zukunft die Regionalplanung mehr auf die Kommunalkörperschaften verlagert werden wird als bisher, besonders wenn die Gebietsverwaltungsreform gemäß dem Kommunalgesetz (Local Government Act) von 1972 im Jahre 1974 in Kraft getreten sein wird.

Allerdings findet sich ein großer Teil der gesetzlichen Grundlagen für die Raumordnungspolitik nicht in spezifischen Raumordnungsgesetzen, sondern im jährlichen Haushaltsplan, in dem die finanzielle Hilfe für die Förderungsgebiete (z. B. Special Development Areas) festgelegt wird und andererseits in ministeriellen Erlassen, durch die zum Beispiel die Grenzen der Gebiete festgelegt sind, die Förderbeihilfen erhalten können.

4. Verwaltungsstruktur

Ein besonderes Kennzeichen der Raumordnungspolitik war bis 1972 ihre zentralistische Entscheidungsstruktur. Alle Maßnahmen, die wirtschaftliches Wachstum in bestimmten Gebieten fördern, in anderen bremsen sollten, wurden zentral von London gesteuert, und auch Einzelfälle wurden zentral bearbeitet. Die Regierung besaß eine Anzahl von Behörden, die sowohl die raumordnungspolitischen Entscheidungen trafen als auch diese selbst vollzogen. Allerdings wurde deren Zahl im Laufe der Zeit durch Zusammenlegen von Ministerien verringert. Die Regierungsstelle, die historisch gesehen für die Ausführung der industriellen Raumordnungspolitik verantwortlich war, war das Handelsministerium (Board of Trade); seine Funktionen wurden vom Ministerium für Handel und Industrie (Department of Trade and Industry) übernommen.

Das Ministerium für Umweltfragen (Department of the Environment), in dem die ehemaligen Ministerien für Wohnungsbau und Kommunalwesen (Housing and Local Government) sowie für Verkehr (Transport) zusammengefaßt sind, und auch das Arbeitsministerium (Department of Employment), sind für wichtige Teile der Raumordnung und Regionalplanung zuständig, außerdem aber auch das Landwirtschaftsministerium (Ministry for Agriculture, Fisheries and Food). In Schottland liegen die meisten Befugnisse der Raumordnung in den Händen des *Scottish Development Department,* in Wales des *Welsh Office,* in Nordirland des Entwicklungsministeriums (Ministry of Development).

3. The Legislative Basis of Regional Policy

The legislative basis for the main elements of regional policy was laid in the late 1940s, brought up to date in the 1950s and 1960s and is being extended in the 1970s. For example, the Distribution of Industry Act 1945, which laid the foundation of the system of industrial development controls and incentives, has been supplanted by several further Acts in this field most recently the Industry Act 1972. Legislation on New and Expanded Towns has been used, (New Towns Act 1946, Town Development Act 1952) where appropriate, to further the aims of regional policy. The significance of the Town and Country Planning Acts for regional policy has been increased since the Act of 1947 by the major changes in the Acts of 1968 and 1971 which have meant that local authorities will become more involved in subregional and regional planning, especially when the local government reforms in the Local Government Act 1972 come into operation in 1974.

Despite the number of special-purpose Acts affecting regional policy, much of its legislative basis is to be found, not in such Acts but within the annual Finance Act (where matters of regional financial assistance are concerned) or are promulgated by Ministerial Order (for example, the delimitation of areas eligible for regional economic assistance).

4. Administrative Structure

A distinguishing feature of the administration of regional policy until 1972 was its centralization. All policies involving the encouragement of growth in some regions and the restriction of growth in others have been administered from London and individual cases have also been dealt with centrally. The central Government has had a number of agencies dealing with regional policy and their implementation, although consolidation of ministries has now occurred. Historically speaking, the main Government agency responsible for the administration of regional industrial policy has been the Board of Trade, whose functions have now been absorbed into the Department of Trade and Industry.

The Department of the Environment (incorporating the former Ministries of Housing and Local Government, and Transport) and the Department of Employment administer important parts of regional planning and regional policy, as does also the Ministry of Agriculture, Fisheries and Food. In Scotland, the Scottish Development Department, in Wales, the Welsh Office, and, in Northern Ireland, the Ministry of Development, incorporate most of the administrative powers for regional policy.

Wenn einerseits ein Kennzeichen der Raumordnung ihre Zentralisierung in London war, so bestand ein anderes darin, bestimmte Aufgaben auf eigens dafür geschaffene Behörden zu übertragen. Staatliche Einrichtungen, z. B. auf den Gebieten des Kohlenbergbaues, der Stahlerzeugung, der Gas- und Elektrizitätserzeugung, des Eisenbahn- und Wasserstraßenverkehrs, wurden von Zeit zu Zeit verpflichtet, sich nach raumordnungspolitischen Gesichtspunkten zu richten. Ferner schuf die Regierung auch zentrale Behörden für bestimmte Sektoren der Raumordnung und ihrer Realisierung, wie die Kommissionen für Landschaftspflege (Countryside Commissions) für England und Wales sowie für Schottland die zentralen und regionalen Fremdenverkehrsbehörden (Tourist Boards), aber auch Behörden wie die Entwicklungsbehörde für Nord-Schottland (Highlands and Islands Development Board) und die Behörden für die Entwicklung ländlicher Gebiete (Development Commission), um raumordnungspolitische Konzepte durchzuführen.

In den sechziger Jahren wurden Versuche unternommen, den Planungsräumen selbst, besonders den Kommunen, eine Mitsprachemöglichkeit bei der Formulierung und Durchführung der Raumordnungspolitik zu geben. Im Jahre 1964 wurden in Großbritannien mehrere Planungsregionen (Economic Planning Regions) geschaffen, hiervon acht in England; Schottland, Wales und Nordirland stellen je eine solche *Planning Region* dar. Jede besitzt einen regionalen Planungsbeirat (Economic Planning Council), der aus von der Regierung benannten Vertretern der *Region* besteht. Er besitzt eine Planungsstelle (Economic Planning Board), die den Beirat in seiner Arbeit unterstützt und sich aus den leitenden Beamten der verschiedenen Regierungsstellen in der jeweiligen *Region* zusammensetzt. Die Beiräte schlagen der Regierung raumordnungspolitische Maßnahmen für ihr Gebiet vor; sie haben Bestandsaufnahmen ihrer *Region* durchgeführt und in einigen Fällen Vorschläge für Raumordnungspläne (regional strategies) in der Absicht vorgelegt, wünschenswerte Richtungen für die Entwicklung ihrer *Region* aufzuzeigen. Im Jahre 1972 wurde innerhalb des Ministeriums für Handel und Industrie ein Minister für regionale Industrieförderung (Regional Industrial Development) eingesetzt, um für eine größere Effektivität der Regionalförderung zu sorgen; dem gleichen Zweck diente die Schaffung der regionalen Wirtschaftsförderungsbehörden (Regional Industrial Development Boards) für die Regionen mit Förderungsgebieten. Ein hoher Anteil der für die Industrie gewährten Hilfe wird in Zukunft, statt wie bisher zentral, durch Beamte des *Department,* die in den Regionen ihren Sitz haben, bewilligt werden.

Raumordnungspolitische Zusammenarbeit auf freiwilliger Grundlage wird durch regionale Planungsgemeinschaften (Standing Conferences of Local Planning Authorities) ermöglicht, die in verschiedenen Gebieten des Vereinigten Königreiches bestehen. Diese Zusammenschlüsse von Kommunalkörperschaften bieten sowohl ein Forum der Koordinierung von Orts- und Bezirksplanung auf regionaler Ebene, als auch ein Organ, durch welches die Ziele des Raumordnungsplanes für eine *Region* in Strukturpläne und Bauleitpläne Eingang finden können.

If one feature of the organization of regional policy has been its centralization in London, another has been the reliance, for some tasks, on specially constituted statutory authorities. The nationalized bodies operating the coal, steel, public utilities, railways and waterways undertakings, have, from time to time, been required to take account of regional policy. The Government has also set up national authorities for particular spheres of planning and executive authority, such as the Countryside Commissions for England and Wales and Scotland and the national and regional Tourist Boards (under the British Tourist Authority) but also authorities for special purposes such as the Highlands and Islands Development Board and the Development Commission to develop and implement policies in relation to particular parts of the country or to specific economic activities within them.

During the 1960s first attempts were made to allow some participation by the regions themselves, especially the local authorities in the evolution and implementation of regional policy. In 1964 in Great Britain, a number of Economic Planning Regions were created, eight in England and one each in Wales and Scotland. Each of these has an Economic Planning Council of representatives from the region appointed by the Government and an Economic Planning Board which services the Council and is composed of the senior officers of the various Government Departments in that region. The Councils make recommendations to the Government about policy for their areas, have also made surveys of their regions, showing their characteristics and problems and in some cases have put forward regional strategies intended to point to desirable courses of development. In 1972, a Minister for regional industrial development was appointed within the Department of Trade and Industry and Regional Industrial Development Boards for the regions with assisted areas were set up to seek greater effectiveness for government regional assistance. Much of the industrial assistance will in future be allocated by regionally-based officers of the Department instead of centrally.

Regional policy co-operation on a voluntary basis is provided by the Standing Conferences of Local Planning Authorities which exist in several areas of the UK. These associations of local authorities provide both a forum for the co-ordination of local planning policies at a regional scale and a means by which the objectives of regional strategies can be translated into structure plans and development plans.

5. Die Hauptelemente der Raumordnung

Ein Hauptkennzeichen der Raumordnung im Vereinigten Königreich war seit den vierziger Jahren die Festlegung bestimmter Gebiete des UK als Förderungsgebiete (assisted areas), um deren wirtschaftliches Wachstum zu beschleunigen. Die genaue Definierung der Auswahlkriterien und die Gebiete selbst wechselten von Zeit zu Zeit; zwei Maßnahmen, die angewendet wurden, um die Ziele der Raumordnung zu erreichen, blieben jedoch konstant:

1. die Gewährung finanzieller Anreize für Industrieansiedlung und -entwicklung in den Förderungsgebieten;

2. die Anwendung strikter Kontrollmaßnahmen bei Industrieansiedlung und dem Bau von Bürohäusern außerhalb der Förderungsgebiete.

In jüngster Zeit wurden die Gebiete, die Förderung durch die Regierung erhalten können, neu klassifiziert. Es gibt nun *Special Development Areas, Development Areas* und *Intermediate Areas;* zur letzten Kategorie gehören Gebiete, die die wirtschaftliche Dynamik Südostenglands nicht besaßen und an der Investitionspriorität, die bis zu diesem Zeitpunkt den Förderungsgebieten (der alten Kategorie) gegeben wurde, zu leiden begonnen hatten. Die Höhe der finanziellen Hilfe und die Art und Weise, wie sie den Unternehmen gewährt wurde, wechselte. Zu verschiedenen Zeiten wurden als Mittel der Regionalpolitik Investitionsdarlehen, steuerliche Abschreibungen, Steuernachlässe für die Aufnahme von Investitionskapital, der Bau und die mietfreie Zurverfügungstellung von Werkgebäuden sowie eine regionale Arbeitsplatzprämie (Regional Employment Premium) eingesetzt, um (Industrie- und Bau-) Unternehmen Unterstützung zukommen zu lassen. So konnten zum Beispiel entsprechend dem *Finance Act 1972* in den Förderungsgebieten zu den Kosten für Neubauten, Ausrüstung und Maschinen Zuschüsse von 20—22 % gewährt werden. Zusätzlich zu direkter Unterstützung von Unternehmen in Förderungsgebieten richtet die Raumordnungspolitik nun ihr besonderes Augenmerk auf die Verbesserung der Infrastruktur und der Umweltbedingungen dieser Gebiete. In diesen Gebieten wurden Straßenbauprojekte beschleunigt in Angriff genommen und viele normale Hilfsmaßnahmen der Regierung, wie z. B. Modernisierung von Wohngebäuden und Rekultivierung bergbaulichen und industriellen Ödlandes, mit höheren Zuschüssen bedacht.

Ein guter Teil der Raumordnungspolitik der Regierung war zwar nach allgemeinen Prinzipien ausgerichtet, wurde gleichwohl aber nur ad hoc, am Einzelfall orientiert, betrieben. Die Raumordnung auf der Ebene der *Economic Planning Regions* steht jedoch jetzt auf einer verbesserten organisatorischen Basis. Nunmehr werden *regional strategies* gemeinschaftlich vom jeweiligen *Economic Planning Council,* zusammen mit Vertretern der Planungsgemeinschaften (Standing Conference of Local Planning Authorities), aufgestellt. Eine solche *strategy* für Südostengland wurde bereits von der

5. The Main Elements of Regional Policy

The main feature of regional policy in the UK since the 1940s has been the designation of particular regions of the UK as assisted areas and the encouragement of economic growth within them. The exact definition of assisted areas and the areas designated have varied over time but two consistent approaches towards the attainment of the regional policy aims have involved, firstly, the award of financial incentives to encourage industrial growth in assisted areas and secondly, the operation of severe industrial and office building controls in regions outside the assisted areas.

More recently, a re-categorization of areas eligible for government development assistance has recognized "special development areas", "development areas", and "intermediate areas", this last category including regions which did not have the economic growth dynamism of South East England and were beginning to suffer from the investment priorities accorded to the development areas.

The level of financial assistance and the measures by which it has been made available to employers have varied. At different times, investment grants, depreciation allowances against tax, investment allowances against tax, government construction and rent-free lease of factory buildings, and the Regional Employment Premium (a regionally-discriminating labour subsidy) have been employed to channel assistance to industrial enterprises. Under the 1972 Finance Act, for example, building, plant and machinery grants of 20—22 % were permitted in development areas. In addition to direct assistance to industrial firms in development areas, regional policy also concentrates on infrastructure and environmental improvement with particular emphasis on development areas. Major road construction programmes have been accelerated in these areas and many of the standard government assistance programmes, such as those for house improvement and the clearance and rehabilitation of derelict land, operate at a higher rate of grant in development areas.

Much of the Government's regional policy has been operated in an ad hoc manner altbough with certain policy guide-lines. Regional planning is, however, now being placed on a more formal level with the preparation of regional strategies prepared jointly by the Economic Planning Council, central government and the Standing Conferences of local planning authorities; a strategy for South East England has already been approved by the Government, one for the West Midland region has also been prepared and others for the North West region and East Anglia are currently in progress.

Regierung beschlossen, eine weitere für die West Midlands Region liegt vor und an *strategies* für die Nord-West-Region und East Anglia wird im Augenblick gearbeitet. Diese *strategies* sind allgemein gehalten und anpassungsfähig und bilden die Grundlage für die Ausarbeitung der Pläne der Kommunalkörperschaften, für wichtige Investitionen und andere Entscheidungen sowohl der Regierung als der Gemeinden und Grafschaftsverwaltungen.

Die Absicht, die Förderungsgebiete in ihren Anstrengungen um eine ausreichende Wirtschaftskraft zu unterstützen, lief zu einem gewissen Grade mit dem Bestreben parallel, das weitere periphere Wachstum der Hauptverdichtungsgebiete einzuschränken. Insoweit läßt sich Planung von Grüngürteln zum Zwecke der Verhinderung der weiteren Ausdehnung geschlossen bebauter Gebiete auch im Zusammenhang mit der Ansiedlung von Bevölkerung in *New Towns,* besonders um London, sehen. *New Towns* wurden zu diesem Zweck ebenfalls in den West Midlands, Südost Lancashire, Nordost Cheshire, Merseyside, Tyneside, Wearside und Zentral Schottland entwickelt, um Bevölkerung aus den Ballungsgebieten abzuziehen. Als Ergänzung zu den Maßnahmen, Bevölkerung in den *New Towns* unterzubringen, wurden auch Anstrengungen unternommen, die Lebensbedingungen der in den größten Städten verbleibenden Bevölkerung, besonders derjenigen in den innerstädtischen sanierungsbedürftigen Gebieten, zu verbessern. Zu diesem Zweck sind dort Sondermaßnahmen ergriffen worden, um Hilfe für Sanierungsmaßnahmen zu geben und die Infrastruktur zu verbessern.

These regional strategies will be broad and flexible, but will form a basis for local authority plans and for major investment and other decisions of both central and local government.

The policy of assisting the development areas in their efforts to obtain a satisfactory level of economic strength has, to an extent, run parallel with the aim of controlling and limiting peripheral growth of the major conurbations. The operation of Green Belts to restrict the expansion of built-up areas can be seen in the context of decanting population to New Towns, especially around London. New Towns have also been built to take population from the West Midlands, South East Lancashire/North East Cheshire, Merseyside, Tyneside/Wearside and Central Scotland conurbations. Complementary to efforts to accomodate people in New Towns have been efforts to improve the conditions of those remaining in the largest cities, especially in the deprived inner areas, where special programmes to assist renewal and infrastructure have been introduced.

Organizations involved in regional policy in the UK

```
                    ┌──────────────┐
                    │   Cabinet    │
                    │  Committee   │
                    └──────┬───────┘
                           │
      ┌────────────────────┼────────────────────┐
      │                    │                    │
      ▼                    ▼                    ▼
┌───────────┐      ┌──────────────┐      ┌──────────────┐
│Department │      │Department of │      │Department of │
│    of     │      │the Environ-  │      │Trade and     │
│Employment │      │ment          │      │Industry      │
└───────────┘      └──────┬───────┘      └──────┬───────┘
                          │                     │
                          ▼                     ▼
                   ┌──────────────┐      ┌──────────────┐
                   │  Economic    │      │  Industrial  │
                   │  Planning    │      │ Development  │
                   │  Councils    │      │   Boards     │
                   └──────┬───────┘      └──────────────┘
                          ┆                     │
                   ┌──────────────┐      ┌──────────────┐
                   │  Standing    │      │special pur-  │
                   │ Conferences  │      │pose authori- │
                   │ of Local     │─────▶│ties, e. g.   │
                   │ Planning     │      │ Countryside  │
                   │ Authorities  │      │ Commission   │
                   └──────┬───────┘      │ British      │
                          │              │ Tourist      │
                          ▼              │ Authority    │
                   ┌──────────────┐      └──────────────┘
                   │Local Planning│
                   │ Authorities  │
                   └──────────────┘
```

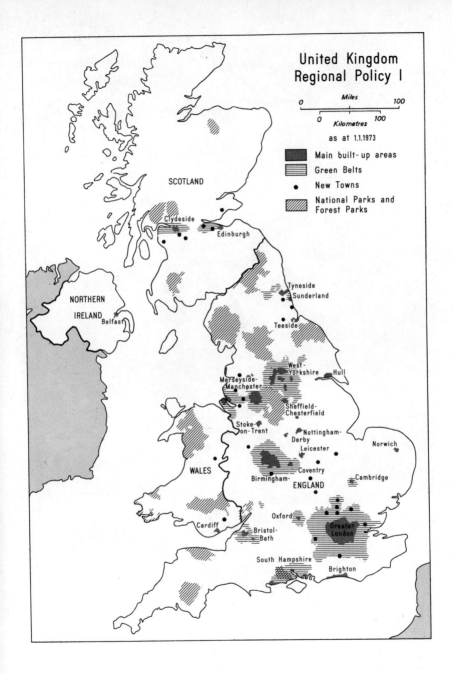

United Kingdom
Regional Policy I

Miles
0   100
Kilometres
0   100
as at 1.1.1973

Main built-up areas
Green Belts
New Towns
National Parks and
Forest Parks

SCOTLAND

Clydeside
Edinburgh

NORTHERN
IRELAND
Belfast

Tyneside
Sunderland

Teeside

West-
Yorkshire   Hull
Merseyside-
Manchester

Sheffield-
Chesterfield

Stoke-
on-Trent

Nottingham-
Derby
Leicester   Norwich

WALES

Coventry
Birmingham-   Cambridge

ENGLAND

Oxford
Cardiff

Greater
London
Bristol-
Bath

South Hampshire
Brighton

45

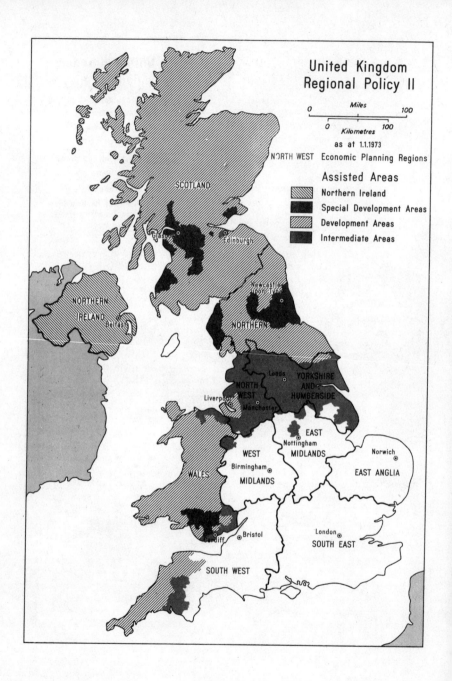

United Kingdom
Regional Policy II

Miles
0   100

Kilometres
0   100

as at 1.1.1973

NORTH WEST Economic Planning Regions

Assisted Areas

Northern Ireland
Special Development Areas
Development Areas
Intermediate Areas

SCOTLAND

Glasgow   Edinburgh

NORTHERN IRELAND
Belfast

Newcastle
upon-Tyne

NORTHERN

Leeds

NORTH WEST   YORKSHIRE AND HUMBERSIDE

Liverpool   Manchester

EAST
Nottingham
MIDLANDS

WEST
Birmingham
MIDLANDS

Norwich

EAST ANGLIA

WALES

Cardiff   Bristol

London
SOUTH EAST

SOUTH WEST

TEIL II

1. Allgemeine Terminologie
1.1 Grundbegriffe, Ziele

In der Vergangenheit ist eine Vielzahl von Fachausdrücken verwendet worden, um die Aufgabe zu benennen, die ursprünglich in Deutschland als **Landesplanung,** im Vereinigten Königreich als *regional planning* bezeichnet wurde und die, entsprechend ihrer Entwicklung, die sie in den Bereichen von Politik und Verwaltung genommen hat, heute **Raumordnung, Raumordnungspolitik** und *regional policy* heißt. Die terminologische Entwicklung ist weiter im Gange. Die Autoren dieses Glossars haben sich, dieser Tatsache Rechnung tragend und in dem Bemühen, zu einer Harmonisierung der deutschen und englichen Terminologie beizutragen, für die folgenden Grundbegriffe entschieden: **Raumordnung, Raumordnungspolitik** (1) und *regional policy* (1) werden in diesem Glossar als Oberbegriff verwendet für die Festlegung räumlicher Ziele, Pläne und Programme (196) und für die Koordinierung der Fachplanungen mit räumlichen Auswirkungen, z. B. der **regionalen Wirtschaftspolitik,** *regional economic policy* (13). Bundesraumordnung (2) und Landesraumordnung (3) unterscheiden sich nach ihrem räumlichen Geltungsbereich (Bundesgebiet - Gebiet eines Bundeslandes) und nach ihrer Trägerschaft durch den Bund bzw. das Land. Landesraumordnung, Landesplanung und *regional planning* arbeiten auf der Ebene eines Bundeslandes oder einer *Economic Planning Region;* ihre Hauptaufgabe ist es, Raumordnungs-

PART II

General terminology
Basic expressions, aims

A variety of technical terms have been formulated in the past to describe the processes which originally were generally encompassed by the terms *Landesplanung* in Germany and **regional planning** in the UK, and which have now developed into the political and administrative fields recognized as *Raumordnung, Raumordnungspolitik* and **regional policy.** The terminology is changing all the time. In order to reflect this development and also to harmonize German and English terminologies the authors of this glossary have adopted the following basic distinctions: *Raumordnung, Raumordnungspolitik* **/regional policy** (1) have been used as collective terms to include both the formulation of regional objectives, plans and programmes (196) and the harmonization of the regional effects of sectoral planning, for example, *Regionale Wirtschaftspolitik* **/regional economic policy** (13). *Bundesraumordnung* (2) and *Landesraumordnung* (3) are distinguished by the spatial level at which they operate and by the level of government responsible for them. *Landesraumordnung/Landesplanung/* **regional planning** (3) operate at the level of the *Länder* or Economic Planning Regions and are the process by which *Raumordnungsprogramme* und *-pläne* **/regional strategies** (291/297) are prepared and implemented for the *Land* or Economic Planning Region as a whole. *Regionalplanung/***subregional**

programme und -pläne (291) und *regional strategies* (297) für das Land oder die *Economic Planning Region* aufzustellen. Regionalplanung und *subregional planning* (4) betreffen die Aufstellung detaillierterer Pläne für die Entwicklung von Teilräumen eines Landes bzw. einer *Economic Planning Region.* Bauleitplanung und *Town and Country Planning* (8) sind Raumplanungen (6) der Gemeinden.

planning (4) relate to the preparation of fairly detailed plans for the development of parts of a *Land* or Economic Planning Region.

*Bauleitplanung/***Town and Country Planning** (8) refers to **physical planning** (6) of local authorities.

1 **Raumordnung, Raumordnungspolitik f.**

= **regional policy**

2 **Bundesraumordnung f.**
(in der Trägerschaft des Bundes)

≠
(regional policy of the Federal Government)

3 **Landesraumordnung, Landesplanung f.**
(in der BRD: Raumordnung in der Trägerschaft eines Landes; im VK: die Vorbereitung und Durchführung von Plänen für eine *Economic Planning Region)*

± **regional planning**

(in the FRG: regional policy of a *Land* Government; in the UK: the preparation and implementation of plans for an Economic Planning Region)

4 **Regionalplanung f.**

(in der BRD: Teil der Landesraumordnung, dessen gebietlicher Bereich Teilräume des Landes sind; s. § 5 Abs. 3 ROG; s. auch Planungsgemeinschaft; im VK: Raumordnung für *subregions)*

± **subregional planning, regional planning**
(in the FRG: the application of regional policy of a *Land* Government to one of its regions; cf. § 5 (3) ROG; cf. also *Planungsgemeinschaft;* in the UK: the application of regional policy to the preparation and implementation of plans for subregions)

5 **integrierte räumliche Entwicklungsplanung**
(Konzept für die Aufstellung und Realisierung integrierender Pläne für den Gesamtbereich der räumlichen, gesellschaftspolitischen und haushaltspolitischen Entwicklung)

≠

(concept for the preparation and implementation of comprehensive plans covering all aspects of physical social and budgetary development)

6 **Raumplanung f.**
(mit unterschiedlichen Inhalten verwendeter Begriff für Planun-

± **physical planning**
(variously used term for planning concerned with the physical

gen, die sich auf die gegenständliche Umwelt beziehen, in der BRD, z. B. sowohl auf die staatliche Raumordnung als auch auf die gemeindliche Bauleitplanung als auch auf gebietlich begrenzte sektorale Planungen; im VK z. B. auf *land use planning* und *town and country planning)*

environment, in the FRG, e. g., *Raumordnung, Bauleitplanung* and sector planning for specific regions; in the UK, e. g., land use planning and town and country planning)

7 **Entwicklungsplanung, kommunale**
(zusammenfassende Planung aller Grundfunktionen einer Gemeinde oder eines Landkreises)

± **corporate planning**
(comprehensive planning of all local authority functions)

8 **Bauleitplanung f.**

± **town and country planning, development planning**
(the duty of local authorities to formulate statutory plans for the regulation of urban and other development within their administrative area;

(Aufgabe der Gemeinden, förmliche Pläne zur Ordnung der städtebaulichen Entwicklung ihres Gebietes aufzustellen; in der BRD s. BBauG; der Begriff umfaßt die Schaffung von vorbereitenden Bauleitplänen: Flächennutzungsplänen (303) und von verbindlichen Bauleitplänen: Bebauungsplänen (305),

in the FRG cf. BBauG; the term includes preparatory development plans: *Flächennutzungspläne* (303) and binding development plans: *Bebauungspläne* (305);

im VK TCP-Act von 1971)

in the UK cf. TCP-Act 1971)

9 **sektorale Planung, Fachplanung f.**
(z. B. Wirtschafts-, Verkehrs-, Bildungsplanung)

= **sector planning**
(e. g., economic, transport, education planning)

10 **sektorale Strukturpolitik**
(Politik zur Verbesserung des inneren Gefüges von Wirtschaftssektoren, z. B. Energiepolitik)

± **industrial policy**
(aspect of economic policy for improving the internal structure of sectors of the economy, e. g., energy policy)

11 **regionale Strukturpolitik**

± **policy for the improvement of regional structure**

12 **Industriestandortpolitik f.**

= **distribution of industry policy**

13 **regionale Wirtschaftspolitik**
(Zweig der Wirtschaftspolitik mit der Aufgabe, zur Verbesserung der wirtschaftlichen Lage durch Maßnahmen regionaler Förderung beizutragen. Im

= **regional economic policy**
(branch of economic policy with the task of contributing to the improvement of the economic situation by regional development measures.

Geographisches Institut der Universität Kiel Neue Universität

49

Deutschen werden häufig die
Kurzformen „Regionalpolitik"
und „regionale Strukturpolitik"
verwendet.)

In German the short forms
Regionalpolitik and *regionale
Strukturpolitik* are often used.)

14 **Standortpolitik f.** = **locational policy**

15 **Standortwahl f.** = **locational choice**

16 **gegenständliche Umwelt** = **physical environment**
(natürliche und von Menschen (natural and man-made
geschaffene Umwelt) environment)

17 **soziale Umwelt** = **social environment**

18 **regionale Strukturforschung,** = **regional research**
Raumforschung f.
(Der deutsche Terminus „Raum- (The German expression *Raumforschung" kommt als Ausdruck forschung* is passing out of use
der Raumordnung allmählich as a term of regional policy)
außer Gebrauch.)

19 **raumordnerisch** $\neq$
(relating to regional policy)

20 **räumlich, gebietlich, regional** = **regional, spatial, areal**

21 **zwischengebietlich, interregional** = **interregional**

22 **innergebietlich** = **intraregional**

23 **überregional** = **supraregional**

24 **überörtlich** = **supralocal**

25 **raumwirksam,** = **regionally significant**
raumbeeinflussend
(z. B. raumwirksame Staatstätig- (e. g., regionally significant
keit; vgl. auch raumbedeutsam national policy; cf. *raumbedeut-
Nr. 199) sam* No. 199)

26 **raumbeanspruchend** = **land using**
(Bezeichnung für solche raum- (term for all planning and
wirksamen Planungen und Maß- measures which place a demand
nahmen, durch die Grund und on land resources)
Boden in Anspruch genommen
wird)

27 **räumliche Struktur,** = **regional structure**
regionale $\sim$

28 **Leitbild n. der Raumordnung** = **overall concept of regional**
policy

29 **großräumige Zielvorstellungen** $\pm$ **land use policy**
fpl. für die Flächenwidmung

30 **Entwicklungsziel n.** = **planning target**

31 **Gegenstromprinzip n.** $\neq$
(das raumordnerische Prinzip (principle of countervailing
der gegenseitigen Berücksichti- influence; the principle in
gung der Gegebenheiten und regional policy of having regard

50

	Erfordernisse von Gesamtraum und Einzelräumen, s. § 1 Abs. 4 ROG)		to the conditions and the needs of the whole area and its component areas - § 1 (4) ROG)
32	**raumordnungspolitischer Entscheidungsprozeß**	=	**plan-making process**
33	≠ (laufende Kontrolle der Realisierung eines Raumordnungsplanes)		**monitoring** (of a regional plan)
34	≠ (kritische Prüfung der Änderungsbedürftigkeit eines Planes)		**plan review**
35	**regionale Präferenz; Standortpräferenz f.**	=	**regional preference, locational preference**
36	**nicht optimal** (z. B. nicht optimale Verteilung der Industriestandorte)	=	**suboptimal** (e. g., suboptimal distribution of industry)
37	≠ (Feststellung der Abhängigkeit eines Planes von seinen Prämissen)		**sensitivity analysis of a plan**
38	≠ (Analyse der Wirkungen eines Planes)		**impact analysis of a plan**
39	≠ (Indikator zur Messung der Planerfüllung)		**performance indicator**

1.2 Gebiete, räumlicher Zustand   Areas, spatial structure

40	**Gebiet n., Raum, Bereich m.; Zone f.** (in gebietlichem Sinne)	=	**area, district, zone**
41	**Gebietskategorie f.** (in der BRD üblicher Ausdruck zur Bezeichnung von Gebieten unter Gesichtspunkten der Raumordnung, z. B. Verdichtungsgebiete, Rückstandsgebiete; vgl. § 2 Abs. 1 ROG, Art. 2 Bayerisches LPlG, § 2 LPlG Rh.-Pf.)	±	**type of region** (in the FRG usual expression for areas seen under the aspects of regional policy; e. g., agglomeration, underdeveloped area)
42	**Fläche, bebaute**	=	**built-up area**
43	**flächenbezogen**	=	**site-specific**
44	**Flächennutzung f.**	=	**land use**
45	**Grund und Boden m.**	=	**real estate, property**
46	**Luftraum m.**	=	**air space**
47	**Naturraum m.**	=	**physical region**

48	**naturräumliche Gliederung**	= **physical regionalization**
49	**Naturlandschaft f.** (von Menschen nicht oder nur wenig beeinflußte Landschaft)	= **natural landscape** (landscape completely or virtually unaffected by human activity)
50	**Kulturlandschaft f.** (von Menschen gestaltete Landschaft)	= **cultural landscape** (man-made landscape)
51	**Funktionsraum m.**	= **functional region, nodal region**
52	**Strukturraum m.**	= **structural region**
53	**Infrastrukturraum m.**	= **infrastructural region**
54	**Wirtschaftsraum m.**	= **economic region**
55	**Besiedlung f.**	= **settlement** (as a process)
56	**Siedlungsraum m.**	= **settlement area**
57	**Siedlungsnetz n.**	= **settlement pattern**
58	**Siedlungsstruktur f.; Siedlungsgefüge n.**	= **settlement structure**
59	**Siedlungsweise f.** (z. B. ländliche, städtische)	= **settlement type** (e. g., rural, urban)
60	**Siedlungsentwicklung f., ringförmige ~ bandförmige ~ strahlenförmige ~ punktuelle ~**	= **settlement development concentric ~ ~ linear ~ ~ radial ~ ~ punctiform ~ ~**
61	**sich ansiedeln**	= **to take up residence**
62	**ansiedeln** a) Bevölkerung ~ b) Gewerbe ~	= **to settle, to locate** a) to settle population b) to locate industry
63	**Attraktivität** (oder: Anziehungskraft) **f. eines Raumes**	= **amenity** (or: locational attraction) **of an area**
64	**Planungsraum m.; Planungsgebiet n.** (das Gebiet, auf das sich eine örtliche, raumordnerische oder sektorale Planung bezieht)	= **planning area** (area subject to planning measures either comprehensive or sectoral, e. g., structure area)
65	**Region f.**	= **region**
66	≠ (Planungsregion; im VK gibt es zehn amtliche Planungsregionen, s. Karte S. 44)	**economic planning region** (In the UK there are ten officially defined planning regions, cf. map on p. 44)
67	≠ (Teilregion; der gebietliche Bereich einer Regionalplanung, der mehrere kommunale Körperschaften umfaßt, jedoch kleiner als eine *Economic Planning Region* ist)	**subregion** (the area defined for planning purposes comprising several local authorities but smaller than an economic planning region)

68	**Gebietseinheit f.** (a) nach beliebig ausgewählten Strukturmerkmalen abgegrenzter Raum; b) in der BRD: spezieller Ausdruck zur Bezeichnung von 38 nichtadministrativen Planungsregionen, in die das Bundesgebiet für die Zwecke des Bundesraumordnungsprogrammes eingeteilt worden ist)	=	**subarea, areal unit** (a) area defined in relation to some relevant criterion; b) in the FRG: special term for the 38 planning regions into which the country is divided for the purpose of the *Bundesraumordnungsprogramm*)
69	**Tragfähigkeit f. eines Raumes**	=	**carrying capacity of an area**
70	**Problemgebiet n.**	=	**problem area**
71	**Notstandsgebiet n.**	=	**depressed area**
72	**Rückstandsgebiet n., zurückgebliebenes Gebiet** (s. § 2 Abs. 1 Nr. 3 ROG)	=	**underdeveloped area**
73	**Zonenrandgebiet n.** (Förderungsgebiet entlang der Ostgrenze der BRD, s. z. B. § 2 Abs. 1 Nr. 4 ROG)	≠	(border development area; development area along the eastern boundary of the FRG; cf., e. g., § 2 (1) No. 4 ROG)
74	**ländlicher Raum, ländliches Gebiet**	=	**rural area**
75	**Fremdenverkehrsgebiet n.**	=	**tourist area, tourist region**
76	**Erholungsgebiet n.**	=	**recreation area**
77	**Entwicklungsgebiet n.; Entwicklungsraum m.**	=	**growth area**
78	**Entwicklungsachse f.**	=	**growth axis**
79	≠ (Entwicklungspol)		**growth pole**
80	**Entwicklungsschwerpunkt m.**	=	**growth point**
81	**Knotenpunkt m.**	=	**nodal point**
82	**Vorranggebiet n.** (Gebiet, das in erster Linie einer bestimmten Funktion dienen soll, z. B. Landwirtschaft, Erholung)	≠	(priority area, in which a particular function takes priority)
83	**Truppenübungsplatz m.**	=	**army training ground**
84	**Schutzbereich, militärischer** (in der BRD s. § 1 Abs. 2 Schutzbereichsgesetz)	=	**restricted area** (for defence reasons)
85	≠ (militärisch genutztes Gelände)		**defence land**
86	**verstädtertes Gebiet**	=	**urbanized area**

87	**Verstädterung f.**	=	urbanization
88	**Stadtbild n.**	=	townscape
89	**Gemeindegebiet n.**	±	local authority area
90	**Stadtgebiet n.**	=	administrative area of a town
91	**Außenbezirk m.; Randgebiet n.** (einer Gemeinde)	=	outskirts pl., fringe area
92	**Städteballung f.** (Gruppe zusammengewachsener oder zusammenwachsender Städte)	=	conurbation (a group of towns which have grown or are growing together)
93	**Verdichtung f.; Verdichtungsgebiet n.; Ballung f.; Ballungsgebiet n.; Agglomeration f.** (Zustand und/oder Vorgang starker räumlicher Konzentration von Bevölkerung, Wohn- und Arbeitsstätten; s. § 2 Abs. 1 Nr. 2 und 6 ROG)	=	agglomeration (state and/or process of pronounced concentration of population, housing and employment in an area; cf. § 2 (1) Nos. 2 and 6 ROG)
94	**Stadtumland n.**	±	urban hinterland
95	**Stadtregion f.**	=	city region
96	**Kerngebiet n.** (einer Stadtregion, eines Verdichtungsgebietes)	=	core area (of a city region or an agglomeration)
97	**Kernstadt f.** (einer Stadtregion, eines Verdichtungsgebietes)	=	central city (of a city region or an agglomeration)
98	**Nebenzentrum, Sekundärzentrum, Stadtteilzentrum n.**	±	district centre, neighbourhood centre
99	**Satellitenstadt, Trabantenstadt f.**	=	satellite town
100	**Schlafstadt f.**	=	dormitory town
101	**„auf der grünen Wiese"**	=	"green field site"
102	**unterversorgtes Gebiet** (ein in mehreren Beziehungen, besonders in sozialer Hinsicht benachteiligtes Gebiet)	=	area of multiple deprivation
103	**von Natur benachteiligte Gebiete npl.** (in der BRD: durch das Bundeslandwirtschaftsministerium festgelegte Gebiete, die besondere staatliche Agrarförderung erfahren; im VK vergleichbar etwa die *hill farming subsidies*)	≠	(in the FRG: Highland areas with special physical difficulties designated by the Ministry for Agriculture, Fisheries and Food for special agricultural assistance; in the UK "hill farming" subsidies are a broadly similar arrangement.)

54

104	**Zuordnung, räumliche**	=	**locational relationship**
105	**Strukturwandel, räumlicher**	=	**structural change**
106	**Wohnsiedlung f.**	=	**housing estate, housing development**
107	**regionale Streuung** (z. B. von Arbeitsplätzen, Ausbildungsmöglichkeiten)	=	**regional dispersal** (e. g., of employment or educational opportunities)
108	**regional ausgewogen**	=	**regionally balanced**
109	$\neq$ (planerische Zielvorstellung vom linearen etappenweisen Wachstum einer Stadtregion)		**directional grid**
110	**regionales Ungleichgewicht**	=	**regional imbalance**
111	**regionales Leistungsgefälle;** regionaler Leistungsunterschied	=	**variation in regional performance; regional differential**
112	**Bodenordnung f.** a) ~ als Zustand b) ~ als Aufgabe	=	a) **structure of land ownership** b) **reorganization of land holdings**
113	**Bebauungsdichte f.**	=	**density of development**
114	$\neq$ (übermäßige Verdichtung von Wohnstätten, Arbeitsstätten und Verkehr)		**congestion**
115	**Siedlungsbrei m.** (ungeplante flächenhafte Ausdehnung von Städten)	$\pm$	**urban sprawl** (unplanned expansion of towns)
116	**Zersiedlung f. der Landschaft**	=	**despoliation of the landscape by development**
117	**Splittersiedlung f.**	=	**settlement scatteration**
118	**Sozialbrache f.** (ehemals landwirtschaftlich genutzte Fläche, die aus Gründen günstigerer anderweitiger Erwerbsmöglichkeiten nicht mehr genutzt wird; im Umland der Städte meist „Bauerwartungsland")		$\neq$ (social fallow, agricultural land lying idle because the farmer has better employment opportunities elsewhere)
119	**Ödland n.**	=	**waste land**
120	**Industrieödland n.** (durch industrielle oder bergbauliche Einwirkung zum Ödland gewordenes Gebiet)	=	**derelict land** (land which, through the activities of industrial or mining enterprises, has become waste)
121	**zentraler Ort** (in der Praxis der Raumordnung der BRD werden gegenwärtig	=	**central place** (four levels of central places are currently recognized in German

4 Stufen von zentralen Orten unterschieden: Kleinzentrum (= Mittelpunktgemeinde), Unterzentrum, Mittelzentrum, Oberzentrum (einschließlich Hauptzentrum). Näheres s. § 2 Abs. 1 Nr. 3 ROG und Entschließung der MKRO über zentrale Orte vom 8. 2. 1968; s. ROB 1970 der Bundesregierung. Die Praxis der Raumordnung im VK verwendet eine derartige Unterscheidung nicht.)

regional policy; they range from *Kleinzentrum* (= Mittelpunktgemeinde), which is the smallest, through *Unterzentrum, Mittelzentrum, Oberzentrum* (including Hauptzentrum) as the highest central place. There are no such arrangements in the UK.)

122 **Theorie f. der zentralen Orte** = **central place theory**

123 **zentralörtliches Gliederungsprinzip** ≠

(the principle of a central place hierarchy)

124 **Zentralität f.; Zentralitätsgrad m.**
(einer Gemeinde)
= **centrality**

125 **Einzugsbereich m.; Einzugsgebiet n.**
(z. B. einer Stadt, eines Flusses)
= **catchment area**

(e. g., of a town, of a river)

126 **Hinterland n.** = **hinterland**

127 **Verflechtungsbereich, zentralörtlicher**
(Raum, dessen Bevölkerung das Angebot eines oder mehrerer zentraler Orte an sozialen, kulturellen, administrativen und wirtschaftlichen Einrichtungen in Anspruch nimmt oder nehmen soll. Für die BRD s. Entschließung der MKRO über zentrale Orte vom 8. 2. 1968)
= **sphere of influence**

(an area for the population of which one or more central places provide or should provide social, cultural, administrative and economic facilities)

128 **Oberbereich m.**
(derjenige Verflechtungsbereich eines jeden Oberzentrums, für den dieses die Einrichtungen zur Deckung des spezialisierten höheren Bedarfs bereitstellt. - Für die BRD s. Entschließung der MKRO über zentrale Orte vom 8. 2. 1968, Nrn. 4 und 5c)
= **extended sphere of influence**
(sphere of influence of a higher order centre in which this type of centre satisfies requirements for specialized higher order facilities. - For the FRG cf. resolution of MKRO dated 8. 2. 1968, Nos. 4 and 5c)

129 **Mittelbereich m.**
(derjenige Verflechtungsbereich eines jeden Mittel- und Ober-
= **intermediate sphere of influence**
(the sphere of influence of an intermediate centre or a higher

zentrums, für den dieses die Einrichtungen zur Deckung des gehobenen Bedarfs bereitstellt. - Für die BRD s. Entschließung der MKRO über zentrale Orte v. 8. 2. 1968, Nrn. 4 und 5b)

order centre in which types of centre satisfy requirements for higher order facilities. - For the FRG cf. resolution of MKRO dated 8. 2. 1968 Nos. 4 and 5b)

130 **Nahbereich, Versorgungs-nahbereich m.; Umland n.**
(der Verflechtungsbereich eines jeden zentralen Ortes, für den dieser die Einrichtungen zur Deckung der Grundversorgung bereitstellt. - Für die BRD s. Entschließung der MKRO über zentrale Orte v. 8. 2. 1968, Nrn. 3 und 5a)

= **immediate sphere of influence**

(the area around each central place which the latter supplies with its basic services. For the FRG cf. resolution of MKRO dated 8. 2. 1968)

131 **Verwaltungsgebietsstruktur f.** = **structure of administrative areas**

132 **Verwaltungsgrenze f.** = **administrative boundary**

133 **Verwaltungskraft f.**
(administrative Leistungsfähig-keit einer Gebietskörperschaft, z. B. einer Gemeinde)

= **administrative capacity**
(e. g., of a local authority)

134 **Finanzkraft f.**
(finanzielle Leistungsfähigkeit einer Gebietskörperschaft, z. B. einer Gemeinde)

= **financial strength**
(of a local authority)

135 **Verwaltungsgebietsreform f.** = **reform of administrative areas**

136 **funktionale Verwaltungsreform, Funktionalreform f.** = **reform of administrative functions**

137 **Zusammenschluß m. von Gemeinden**
(Sammelbegriff zur Bezeichnung von Maßnahmen der gemeind-lichen Gebietsreform, durch die mehrere bisher selbständige Ge-meinden zu einer einzigen neuen Gemeinde zusammengeschlossen oder in eine der bisher selbstän-digen Gemeinden eingegliedert werden oder - unter Aufrecht-erhaltung ihrer Selbständigkeit - lediglich zur gemeinsamen Wahrnehmung bestimmter Funktionen zusammengeschlos-sen werden)

(amalgamation of local author-ities; collective term for meas-ures of local government reform in which several formerly in-dependent local authorities are formed into one new authority or incorporated into an existing authority or - maintaining their independence - are brought together only for the common exercise of certain of their functions)

138 **Eingemeindung f.**

(Eingliederung einer Gemeinde in eine andere)

= **incorporation of one local authority by another**

139 **Verwaltungsgemeinschaft f. von Gemeinden**
(Zusammenschluß von Gemeinden zur gemeinsamen Wahrnehmung bestimmter Funktionen, insbesondere gemeinsame Verwaltungszentrale, aber unter Aufrechterhaltung der rechtlichen Selbständigkeit der einzelnen Gemeinden)

≠

(local authority joint board; administrative union of local authorities for the common exercise of certain of their functions, especially central administration, but where the individual local authorities maintain their legal independence)

140 **Verbandsgemeinde f.**
(ähnlich wie Verwaltungsgemeinschaft, jedoch unter Aufgabe der rechtlichen Eigenständigkeit der zusammengeschlossenen Gemeinden, die aber wiederum gewisse eigene Rechte als „Ortschaften" behalten)

≠

(local authority union; similar to the joint board arrangement, except that the amalgamated local authorities give up their legal independence, maintaining, however, some privileges as "neighbourhoods")

141 **Samtgemeinde f.; Amt n.**
(kommunale Körperschaft, ähnlich wie die Verbandsgemeinde verfaßt)

≠

(administrative union, synonymous with a *Verbandsgemeinde*)

142 **Einheitsgemeinde f.**
(Typ der Gemeinde mit gleichen Rechten und Pflichten)

≠

(type of local authority with standard rights and obligations)

143 ≠
(Verwaltungssitz einer Grafschaft)

county town

144 **Kreisstadt f.**
(Verwaltungssitz des Landkreises)

≠

(administrative seat of a *Landkreis*)

145 **Einkreisung f.**
(staatliche Maßnahme, durch die eine bisher kreisfreie Stadt diesen Status verliert und einem Landkreis eingegliedert und dadurch „kreisangehörig" wird)

≠

(government action to deprive a formerly self-governing town of its status and incorporate it administratively within a rural district)

146 **Auskreisung f.**
(Ausgliederung einer kreisangehörigen Stadt aus dem Landkreis mit gleichzeitiger staatlicher Verleihung des Status einer kreisfreien Stadt)

≠

(government action to grant self-governing status to a town which had formerly been an administrative part of a rural district)

147 ≠
(Grafschaft als Verwaltungseinheit; Standardtyp der obersten Stufe der kommunalen Selbstverwaltung)

administrative county
(the standard upper tier level of local government)

148	$\neq$ (Grafschaftsbezirk; Standardtyp der unteren Stufe der kommunalen Selbstverwaltung)	**county district** (the standard lower level of local government)
149	$\neq$ (höhere kommunale Selbstverwaltungsebene der Stadtregionen)	**metropolitan county** (upper tier level of local government in the major urbanized areas)
150	$\neq$ (untere kommunale Selbstverwaltungsebene in einer *metropolitan county*)	**metropolitan district** (lower tier level of local government in a metropolitan county)
151	**Infrastruktur f., räumliche** (mit inhaltlichen Unterschieden verwendeter Sammelbegriff für die Gesamtheit der Anlagen und Einrichtungen der Daseinsvorsorge in einem bestimmten Gebiet)	= **infrastructure** (collective term broadly relating to the basic social and communications facilities in an area)
152	**Bandinfrastruktur f.** (a) Teile von Infrastruktureinrichtungen, insbesondere Leitungen; b) räumliche Anordnung der Gesamtinfrastruktur in einer Achse)	= **linear infrastructure** (a) elements of infrastructure, such as cables, pipelines; b) infrastructure laid out in linear form)
153	**Infrastrukturausstattung f.**	= **provision of infrastructure facilities**
154	**Grundausstattung f.** (z. B. einer Gemeinde, eines Gebietes mit Anlagen und Einrichtungen der Infrastruktur)	= **basic facilities** (infrastructure provision, e. g., of a local authority or an area)
155	**Auslastung f. der Infrastruktur**	= **degree of use of infrastructure**
156	**Infrastrukturbedarf m.**	= **deficiency in infrastructure**
157	**Gemeinbedarf m.**	= **public purposes**
158	**Infrastrukturgefälle n., räumliches, gebietliches**	= **regional variations in the level of infrastructure**

1.3 Sonstige   Other

159	**Stadt-Land-Verhältnis n.**	= **town-country-relationship**
160	**Stadt-Umland-Beziehungen fpl.** (räumliche Beziehungen zwischen einer Stadt und den Gemeinden ihres engeren Bereiches)	$\neq$ (relationship between a town and its immediate sphere of influence)
161	**Flächenbedarf m.**	= **land requirements**
162	**räumliche Verteilung**	= **spatial distribution**

163	**Aufschließung f.**	=	**opening up for development**

163 **Aufschließung f.** = **opening up for development**
(die Gesamtheit der Aktionen, welche die bessere Ausnutzung eines Gebietes ermöglichen, insbesondere Maßnahmen der Erschließung in Teilräumen des Gebietes) (the process by which a larger area is prepared for intensive development especially by provision of services for smaller areas within)

164 **Erschließung f.** ± **provision of services**
(die Schaffung der baulichen Voraussetzungen dafür, daß ein Gebiet die ihm zugedachten Funktionen, z. B. als Baugebiet oder Erholungsgebiet, erfüllen kann) (the provision of services to and the carrying out of measures on a piece of land to enable it to perform a specified function, e. g., for building development or recreational use)

165 **Wirtschaftskraft f.;** = **economic strength,**
Wirtschaftspotential n. **economic potential**

166 **natürliche Ressourcen,** = **natural resources**
natürliche Hilfsquellen fpl.

167 **Standort m.** = **location**

168 **Standortlehre f.** = **location theory**

169 **Standortvorteil m.;** = **locational advantage**
Standortgunst f.

170 **Agglomerationsvorteile mpl.** = **agglomeration economies**

171 **Fühlungsvorteile mpl.,** = **linkage economies**
räumliche
(die aus der Nähe öffentlicher und privater Einrichtungen resultierenden Vorteile des gegenseitigen Kontaktes, insbesondere für wirtschaftliche Unternehmen) (advantages of mutual contact especially for economic activity resulting from the proximity of public and private facilities)

172 **Tragfähigkeit f.,** = **regional carrying capacity**
räumliche

173 **Industriebesatz m.** = **index of regional industrial employment**
(Zahl der Industriebeschäftigten je 1000 Einwohner in einem bestimmten Gebiet) (number of industrial employees per 1000 population in a particular area)

174 **industrieschwach** = **less industrialized**

175 **räumliche Disparität** = **regional disparity**

176 **soziologisch** = **sociological**

177 **sozio-ökonomisch** = **socio-economic**

178 **Sozialfunktion f.** ± **social benefit**
(z. B. der Landwirtschaft, des Waldes) (e. g., of agriculture, woodland)

179 **Sozialökologie f.** = **human ecology**

180	**primär, sekundär, tertiärer Bereich** (Synonyme für Bergbau und Landwirtschaft, produzierendes (be- und verarbeitendes) Gewerbe sowie Dienstleistungsbereich)	= **primary, secondary, tertiary sector** (synonymous for mining and agriculture, industry and service sector)
181	**regionale Förderung**	= **measures of regional development**
182	**Bestandsaufnahme, räumliche**	= **regional survey**
183	**regionale Entwicklungsprognose**	= **regional development forecast**
184	**Regionalstatistik f.**	= **regional statistics**
185	**Beteiligung f. der Öffentlichkeit am Planungsprozeß**	= **public participation in planning**

2. Rechtsbegriffe, Organisation

Legal expressions, organization

2.1 Rechtsbegriffe

Legal expressions

186	**Raumordnungsrecht n.**	= **law relating to regional policy**
187	**Landesplanungsrecht n.** (Raumordnungsrecht auf der Ebene eines Bundeslandes)	≠ (law relating to regional policy on a *Land* level)
188	**Geltungsbereich, räumlicher**	= **area of applicability**
189	**Gesetzgebungskompetenz f.**	= **legislative competence**
190	**Vollkompetenz f.** (s. Teil I, Raumordnung in der Bundesrepublik Deutschland)	≠ (full legislative competence, cf. part I, Regional policy in the FRG)
191	**Rahmenkompetenz f.** (s. Teil I, Raumordnung in der Bundesrepublik Deutschland)	≠ (competence to issue framework legislation, cf. part I, Regional policy in the FRG)
192	**Planungsrecht n.** (die Gesamtheit des öffentlichen Rechts auf den Gebieten der - Raumordnung - kommunalen Bauleitplanung - sektoren Fachplanungen)	= **planning law** (the cumulative corpus of public law in the fields of - regional policy - local authority development planning - specialized sector planning)
193	**Planungskompetenz, Planungshoheit f.**	= **planning competence**

194 **Rahmengesetz n.**
(ein Gesetz des Bundes, das der
Gesetzgebung der Länder einen
Rahmen auf bestimmten politi-
schen Gebieten setzt; Beispiel:
ROG)

$\neq$

(framework legislation; a
federal law which sets a framework for the legislation of the
Länder in certain fields of
policy, e. g., ROG)

195 **Raumordnungsgrundsatz m.**
(vgl. § 2 Abs. 1 ROG)

$\neq$

(regional planning principle;
cf. § 2 (1) ROG)

196 **„Ziele npl. der Raumordnung**
und Landesplanung"
(Dieser Fachausdruck bezeichnet
die nach bestimmten rechtlichen
Regeln in förmlichen RO-Pro-
grammen und -Plänen festgelegten gebietlichen Entwicklungs-
ziele, deren Beachtung die rechtliche Pflicht der Behörden, des
Bundes und der Länder, der
Gemeinden und Gemeindeverbände, der öffentlichen Planungsträger und sonstiger
öffentlicher Stellen ist; s. § 4
Abs. 5 ROG)

$\neq$

(objectives of regional policy.
This special expression indicates
the development goals for an
area set out according to prescribed legal procedures in statutory regional policy programmes and plans and whose ob-
servance is legally obligatory
for agencies of the Federal
Government, the *Länder,* local
authorities and other public
bodies with planning functions;
cf. § 4 (5) ROG)

197 **Erfordernisse npl. der Raum-**
ordnung und Landesplanung
(gesetzlich festgelegte öffentliche
Belange der Raumordnung, die
von Planungsträgern und Behörden beachtet werden müssen; s.
z. B. § 13 Bundeswasserstraßengesetz vom 2. April 1968,
BGBl I S. 173)

$\neq$

(requirements of regional policy
and planning;
officially approved requirements of regional policy which
have to be observed by planning
and other agencies, e. g.,
requirements of transport, water
resources; cf., e. g., § 13 *Bundes-*
wasserstraßengesetz)

198 **Anpassungspflicht f.**
(gesetzlich begründete Pflicht der
öffentlichen Planungsträger, be-
stehende Pläne und Programme
fachlicher, städtebaulicher oder
raumordnerischer Art mit verbindlichen Raumordnungs-
plänen und -programmen in
Übereinstimmung zu halten und
neue Pläne und Programme in
Übereinstimmung damit aufzustellen; vgl. z. B. § 1 Abs. 3
BBauG, LPlG §§ 27 Abs. 2 und
31 Abs. 2 LPlG BW, § 18 Abs. 2
LPlG NRW.)

$\neq$

(obligation to harmonize; Legal
obligation on all agencies
responsible for planning and
execution of economic development and regional policy projects and measures to have
regard, both in their current and
future proposals to the provisions of statutory regional plans
and programmes)

199 **raumbedeutsam**
(im Deutschen rechtstechnisch
mit „raumwirksam" synonym
verwendeter Ausdruck, z. B. für
„Planungen und Maßnahmen,
durch die Grund und Boden in
Anspruch genommen oder die
räumliche Entwicklung eines
Gebietes (auf sonstige Weise)
beeinflußt wird"; § 3 Abs. 1
ROG)

≠

(in legal German a synonym
for *raumwirksam*, cf. § 3 (1)
ROG)

200 **Auskunftspflicht f.**
(§ 10 ROG)

= obligation to give information

201 **Mitteilungspflicht f.**
(Unterrichtungspflicht über
raumbedeutsame Planungen und
Maßnahmen; vgl. § 10 ROG)

≠

(obligation to notify plans and
actions having significant effects
in an area)

202 **Abstimmung f. raumbedeutsamer Planungen und Maßnahmen zwischen öffentlichen
Planungsträgern**
(§ 4 Abs. 5 ROG)

≠

(co-ordination of plans and
actions having significant effect
in an area between public
authorities with planning
responsibilities)

203 **Raumordnungsklausel f.**
(gesetzliche Bestimmung, die
den Träger der Fachplanung
verpflichtet, die Ziele und Erfordernisse der Raumordnung zu
beachten, z. B. § 1 Abs. 3
BBauG, § 16 BFStrG)

≠

(regional planning clause;
legal obligation upon those
responsible for sector planning
to respect the objectives and
requirements of regional policy,
e. g., § 1 (3) BBauG, § 16
BFStrG)

204 **raumordnungswidrig**
(Eine Planung oder Maßnahme
ist raumordnungswidrig, wenn
zu befürchten ist, daß sie die
Durchsetzung der Ziele der
Raumordnung und Landesplanung unmöglich macht oder we-
sentlich erschwert; vgl. z. B. § 7
ROG.)

≠

(contrary to regional policy;
a plan or measure is contrary to
regional policy when it can be
anticipated that it will hinder or
render impossible the achieve-
ment of the goals of regional
policy and planning; cf., e. g.,
§ 7 ROG.)

205 **Veränderungssperre f.**
(Befugnis der zuständigen Behörde, jede Planung oder Maßnahme zeitweilig zu untersagen
oder auszusetzen, die den Zielen
eines in Aufstellung begriffenen
förmlichen Planes zuwiderläuft;

≠

(development freeze;
a power of a competent authority to forbid or temporarily set
aside any plan or measure,
which is contrary to the goals of
a statutory plan going through

vgl. § 7 ROG, § 14 BBauG)

the procedures of formal approval, cf., e. g., § 7 ROG, § 14 BBauG)

206 **landesplanerischer Widerspruch, Einspruch m.**
(Wenn die Gefahr besteht, daß durch Fachplanungen und -maßnahmen die Durchsetzung von Zielen der Raumordnung beeinträchtigt wird, kann die zuständige Raumordnungsbehörde Widerspruch einlegen und die raumordnungswidrigen Planungen und Maßnahmen untersagen. Der Widerspruch heißt in manchen Ländern landesplanerischer Widerspruch, in manchen Einspruch, in manchen Sicherungswiderspruch; vgl. z. B. § 10 LPIG Saar, § 32 LPIG BW, Art. 24 Bayerisches LPIG sowie § 7 ROG.)

≠

(regional planning veto; when there is a danger, that the attainment of the goals of regional policy will be damaged by specific plans or measures, the competent regional authority can object and forbid the offending plans or measures. This veto is called *landesplanerischer Widerspruch* in some *Länder, Einspruch* in some and in some *Sicherungswiderspruch,* cf., e. g., § 10 LPIG Saar, § 32 LPIG BW, art. 24 Bavarian LPIG and § 7 ROG.)

207 **Raumordnungsverfahren n.**
(förmliches Verfahren zur Abstimmung raumbedeutsamer Planungen und Maßnahmen unter Gesichtspunkten der Raumordnung, z. B. Art. 23 LPIG Bayern; § 14 LPIG SH)

≠

(regional policy harmonization procedure; statutory procedure for the harmonization of regionally significant projects and measures with the provisions of regional policy)

208 **Raumordnungskataster n.**
(in einigen Ländern von den Landesplanungsbehörden geführtes Verzeichnis aller raumbeanspruchenden und sonstigen raumbeeinflussenden (= raumwirksamen = raumbedeutsamen) Planungen und Maßnahmen; vgl. z. B. § 13 LPIG Nds., § 18 LPIG SH)

≠

(in some *Länder,* regional policy register at the *Land* level of plans and measures having regional effects)

209 **Planfeststellungsverfahren n.**

± **plan approval procedure**

210 **Auslegung f. des Planentwurfes**

± **making a plan available for public inspection**
(a legally prescribed opportunity for the public to inspect the plan)

(rechtlich vorgeschriebene öffentliche Gewährung der Einsichtnahme in einen Plan für jedermann)

211 **Planfeststellung f.**

= **official approval of a plan**

212	**Gebietskörperschaft f.** (in der BRD: Bund, Bundesländer, Landkreise, Gemeinden)	± **administrative unit**
213	**kommunale Gebietskörperschaft** (in der BRD: Landkreise (Gemeinden))	± **a local authority**
214	**Selbstverwaltung f.**	= **self-government, autonomy**
215	**kommunale Selbstverwaltungskörperschaft**	± **a local authority as a body corporate**
216	**Gemeinschaftsaufgabe f.** (in dem Sinne, daß nach Art. 91 a GG bestimmte Aufgaben von Bund und Ländern gemeinschaftlich wahrgenommen werden, nämlich - Hochschulbau - Agrarstrukturverbesserung - Küstenschutz - Verbesserung der regionalen Wirtschaftsstruktur)	≠ (in the spirit of art. 91 a GG, specific tasks carried out cooperatively between the Federal Government and the *Länder,* namely - construction of universities - improvement of agrarian structure - coastal protection - improvement of regional economic structure)
217	**Außenbereich m.** (in der BRD: Teil des Gemeindegebietes, der außerhalb des räumlichen Geltungsbereiches eines Bebauungsplanes und außerhalb der im Zusammenhang bebauten Ortsteile liegt; vgl. §§ 19 Abs. 2, 30, 35 BBauG; ähnlich im VK: *white land;* s. dazu Perry, N. H., *The Federal Planning Framework in West Germany, Journal of Town Planning Institute, London* 1966)	± **white land** (in the FRG: portion of a local authority *(Gemeinde)* area which lies outside the area of competence of a Building Plan and outside the continuously built-up area; §§ 19 (2), 30, 35 BBauG. In the UK: "white land" in Development Plans prepared under the TCP Acts 1947 - 1962 was a broadly similar notation. Explained in English in: Perry, N. H.; The Federal Planning Framework in West Germany, Journal of Town Planning Institute, London 1966)
218	**Enteignung f.**	= **compulsory purchase**

2.2 Organisation

Organizations

219	**Planungsbehörde f.; Planungsträger m.** (allgemeine Bezeichnung für eine Behörde bzw. einen Träger	= **planning authority** (general term for an authority or public agency which has the

öffentlicher Aufgaben, soweit
sie durch rechtliche Bestimmungen mit der Aufstellung von
Plänen beauftragt sind)

statutory task of preparing
plans)

220 **Raumordnungsbehörde f.**
(für die Raumordnung auf
Bundes- oder Landesebene zuständige Behörde; auf Landesebene auch Landesplanungsbehörde genannt)

≠
(authority responsible for
regional policy at the *Bund* or
Land level)

221 **Kabinettsausschuß m. für Raumordnung, Regionalplanung und
Städtebau**
(in der BRD: unter Vorsitz des
Bundeskanzlers stehender Ausschuß der Bundesregierung;
im VK besteht ein ähnlicher,
jedoch nicht förmlich institutio-
nalisierter Ausschuß)

± **Cabinet Committee for regional
policy, subregional planning
and urban planning**
(in the FRG: Standing Committee of the Federal Government
chaired by the Federal Chancellor; in the UK: a similar
committee exists but on an
informal basis)

222 **Interministerieller Ausschuß für
Raumordnung - IMARO -**
(unter Federführung des für die
Raumordnung zuständigen
Bundesministeriums stehender
Ausschuß der berührten Bundes-
ministerien für Fragen der
Raumordnung)

≠

(interdepartmental committee
for regional policy; standing
committee of interested federal
departments for regional policy
under the chairmanship of the
competent Ministry)

223 **Interministerieller Ausschuß
für regionale Wirtschaftspolitik - IMNOS -**
(unter Federführung des Bundesministeriums für Wirtschaft
stehender Ausschuß der berührten Bundesministerien für
Maßnahmen der Bundesregierung auf dem Gebiete der
regionalen Wirtschaftspolitik;
vgl. Regionales Förderungs-
programm und Regionale Ak-
tionsprogramme der Bundesregierung)

≠

(interdepartmental committee
for regional economic policy;
standing committee of interested
federal departments for Federal
Government measures in regional economic development
under the chairmanship of the
Ministry of Economics; cf.
regional assistance programme
and regional action programmes
of the Federal Government)

224 **Bundesforschungsanstalt f.
für Landeskunde und Raum-
ordnung**
(nachgeordnete Dienststelle des
für die Raumordnung zuständigen Bundesministers mit wissenschaftlichen Aufgaben auf den
Gebieten von Landeskunde und

≠

(Federal Research Centre for
Area Studies and Regional
Policy;
centre for academic research in
the fields of area studies and

Raumordnung. Die Bundesforschungsanstalt besteht aus dem „Institut für Landeskunde" und dem „Institut für Raumordnung".)

regional policy, reporting to the Federal Minister responsible for regional policy. The Federal Research Centre consists of the "Institute for Area Studies" and the "Institute for Regional Policy".)

225 **Beirat m. für Raumordnung**
(beratendes Gremium für Raumordnungsfragen bei dem für die Raumordnung zuständigen Bundesministerium)

≠
(advisory body on questions of regional policy reporting to the Federal Ministry of the Interior)

226 **Ministerkonferenz f. für Raumordnung - MKRO -**
(Institution für die Zusammenarbeit von Bund und Ländern auf dem Gebiet der Raumordnung; Verwaltungsabkommen zwischen Bundesregierung und Landesregierungen von 1967 zu § 8 ROG)

≠
(ministerial standing conference for regional policy; institution for co-operation between the Federal and *Land* Governments in the field of regional policy)

227 **Kabinettsausschuß m. für Umweltfragen**
(unter dem Vorsitz des Bundeskanzlers stehender Ausschuß der Bundesregierung)

≠
(Cabinet Committee for the environment; committee of the Federal Government under the chairmanship of the Federal Chancellor)

228 **Landesplanungsbehörde f.**
(Bezeichnung für die auf Landesebene zuständige Raumordnungsbehörde; s. Schaubild „Organisatorischer Aufbau")
a) oberste ∼
(Ministerium)
b) höhere ∼
(Regierungspräsidium, Bezirksplanungsbehörde, Bezirksplanungsstelle)
c) untere ∼
(Landratsamt)

≠
(any authority forming part of a *Land* administration responsible for regional policy; cf. organization diagram)
a) supreme authority
(ministry)
b) intermediate authority
(Regierungspräsidium, Bezirksplanungsbehörde, Bezirksplanungsstelle)
c) lower authority
(Landratsamt)

229 **Landesplanungsgemeinschaft f.**
(gebietliche Selbstverwaltungskörperschaft in NRW mit der Aufgabe der Raumordnung für ihr Planungsgebiet; vgl. Regionalplanung. Es bestehen die Landesplanungsgemeinschaften

≠
(authorities in NRW established to prepare regional plans for their area. There are three of these authorities, one for the Rhineland, one for Westphalia and the Ruhr Regional Planning

Rheinland, Westfalen und Siedlungsverband Ruhrkohlenbezirk, §§ 5 ff LPIG NRW.)

Authority, cf. arts. 5 et seq.
LPIG NRW.)

230 **Siedlungsverband m. Ruhrkoh-
lenbezirk**
(Selbstverwaltungskörperschaft
mit den kreisfreien Städten und
Landkreisen des Ruhrgebiets als
Verbandsglieder)

≠

(Ruhr regional planning;
authority, autonomous planning
body, whose members are the
towns and *Landkreise* of the
Ruhr)

231 **Planungsgemeinschaft,
regionale**
(in der BRD meist auf gesetz-
licher Grundlage bestehender
Zusammenschluß von Gemeinden und Landkreisen, in manchen Ländern auch als regionale
Planungsverbände oder Regionalverbände bezeichnet, mit der
Aufgabe, Regionalpläne aufzustellen. Ihnen entsprechen im
VK freiwillige Zusammen-
schlüsse von kommunalen Pla-
nungsbehörden, denen die Aufgabe obliegt, die Planungen
aufeinander abzustimmen.)

± **Standing Conference of local
planning authorities**
(in the FRG association of local
planning authorities usually
required by law whose aim is to
prepare and implement subregional plans, in some *Länder*
called *regionale Planungsverbände* or *Regionalverbände*. In
UK voluntary association of
local planning authorities to co-
ordinate planning policies.)

232 **Raumordnungsverband m.
Rhein-Neckar**
(öffentlich-rechtliche Körperschaft der Träger der Regionalplanung, die für das Gebiet um
Mannheim-Ludwigshafen in
den drei Ländern BW, Hessen
und Rh.-Pf. zuständig sind)

≠

(association of subregional
planning authorities responsible
for the Mannheim-Ludwigshafen - area in the three *Länder*
BW, Hessen, Rh.-Pf. under the
terms of a 1969 treaty)

233 **Verband m. Großraum
Hannover**
(s. Niedersächsisches Gesetz zur
Ordnung des Großraums von
Hannover)

≠

(Greater Hannover Planning
Authority; cf. *Niedersächsisches
Gesetz zur Ordnung des Groß-
raums von Hannover*)

234 **Entwicklungsgesellschaft f.**
(meist in Privatrechtsform,
überwiegend als GmbH anzu-
treffende Gesellschaft zur
Durchführung raumwirksamer
Entwicklungsmaßnahmen der
öffentlichen Hand)

≠

(development agency; agency
usually incorporated under
company law by public authorities in order to carry out measures of development)

235 **Zweckverband m.**

(in Großbritannien: Eine *ad hoc authority* ist eine rechtlich selbständige Kommunalbehörde zur Erfüllung einer bestimmten Landberatungsaufgabe. *Joint body* und *joint authority* sind Bezeichnungen für einen Zusammenschluß von kommunalen Verwaltungseinheiten zur Wahrnehmung einer oder mehrerer Leistungsaufgaben.)

± **ad hoc authority, joint body, joint authority**

(An "ad hoc authority" is a local authority responsible for a single service. "joint body" or "joint authority" is used to describe a combination of local authorities for providing a service or services.)

236 **Gemeindeverband m.**
(Sammelbegriff für kommunale Körperschaften, denen mehrere Gemeinden und/oder Landkreise angehören, z. B. Landkreis, Zweckverband)

≠
(local authority union; collective term for bodies to which a number of local authorities belong, e. g., *Landkreis, Zweckverband)*

237 **kommunaler Spitzenverband**

= **local authority association**

238 **Landesplanungsbeirat, Landesplanungsrat m.**

≠
(the planning advisory committee of a Land government)

239 **Akademie f. für Raumforschung und Landesplanung**
(aus öffentlichen Mitteln getragene wissenschaftliche Einrichtung mit Aufgaben auf dem Gebiet der Raumordnung)

≠

(academy for regional research, publicly financed)

240 ≠
(eine für das gesamte VK zuständige gemeinnützige Einrichtung (gegründet 1895), die für den Schutz und die Unterhaltung baulicher, landwirtschaftlicher und historischer Sehenswürdigkeiten sorgt. Eine ähnliche Einrichtung besteht in Schottland.)

National Trust
(a national charity (founded in 1895) which owns and maintains buildings and land of beauty and historic interest. A similar body exists in Scotland.)

241 ≠
(ein in den dreißiger Jahren von Sir Dudley Stamp angelegtes Kataster aller nicht bebauten Flächen in Großbritannien)

Land Utilization Survey
(a comprehensive survey of non - urban land in Great Britain, carried out under the direction of Sir Dudley Stamp in the 1930s)

242 ≠
(private Vereinigung mit wissenschaftlichen Aufgaben auf dem Gebiet der Raumordnung)

Regional Studies Association
(private association for the study of regional policy)

243	≠	**Town and Country Planning Association**
	(private Vereinigung zur Förderung der Stadtplanung und Raumordnung)	(private association for the promotion of town and regional planning)
244	≠	**Royal Town Planning Institute**
	(Berufsvereinigung der Stadtplaner)	(the professional association of town planners)
245	≠	**Economic Planning Councils, Economic Planning Boards**
	(Regionaler Planungsbeirat, Regionale Planungsstelle; Beirat in jeder Planungsregion mit Empfehlungskompetenz für die Raumordnung ihres Gebietes. Er bedient sich des *Economic Planning Board,* einer staatlichen, den zentralen Ministerien nachgeordneten Dienststelle.)	(body in each Economic Planning Region to study and advise the Department of the Environment on regional policy in their area and served by an Economic Planning Board)
246	≠	**New Town Development Corporation**
	(Entwicklungsbehörde für eine *New Town;* Behörde, deren Aufgabe es ist, Land zu erschließen und die städtebaulichen Maßnahmen für eine *New Town* zu planen und durchzuführen)	(a body which acquires land and provides buildings, roads and services essential for the development of a New Town; cf. New Towns Act 1946)
247	≠	**Passenger Transport Authority**
	(Öffentlicher Betrieb für Personenverkehr; öffentlicher Betrieb zur Planung und Durchführung des öffentlichen Personenverkehrs in den *conurbations* außer in Groß-London)	(authority to plan and manage public passenger transport in the conurbations except in Greater London; cf. Transport Act 1968)
248	≠	**Local Planning Authority**
	(kommunale Planungsbehörde; bestimmte kommunale Gebietskörperschaften, die für die Bauleitplanung zuständig sind)	(a local authority which has town and country planning powers; cf. TCP Act 1971)
249	≠	**Regional Industrial Development Board**
	(Regionale Wirtschaftsförderungsbehörde; Behörde in jeder *Economic Planning Region,* in der es Förderungsgebiete gibt. Die Behörde hat die Aufgabe, Anträge auf finanzielle Beihilfen für Wirtschaftsförderung zu begutachten; vgl. *Industry Act* 1972)	(body in each Economic Planning Region containing assisted areas which advises on applications for financial assistance in industrial development; cf. Industry Act 1972)

250	≠
(Behörde, die das Wasservorkommen ihres Zuständigkeitsbereichs schützt und entwickelt. In der BRD ist hierfür die Wasserwirtschaftsverwaltung eines jeden Landes zuständig.)	**River Authority** (a body to protect and develop water resources within its area. In the FRG this responsibility rests with the *Wasserwirtschaftsverwaltung* of each *Land*)
251	≠
(Einrichtung, die durch Gesetz ermächtigt ist, öffentliche Versorgungsleistungen (z. B. auf dem Gebiet des Verkehrswesens, der Gas-, Wasser- und Stromversorgung) zu erbringen)	**statutory undertaker** (a body authorized by act of Parliament to operate public utility services, e. g., transport, gas, electricity, water)
252	≠
(Entwicklungsbehörde für Nordschottland; Behörde, die Maßnahmen für die wirtschaftliche und soziale Entwicklung des schottischen Hochlands und der schottischen Inseln vorbereitet, koordiniert, fördert und durchführt)	**Highlands and Islands Development Board** (a body which prepares, coordinates, promotes and undertakes measures for the economic and social development of the Highlands and Islands of Scotland)
253	≠
(Behörde für die Entwicklung ländlicher Gebiete; Behörde, die errichtet wurde, um die Bildung leistungsfähiger land- und forstwirtschaftlicher Betriebe zu fördern)	**Development Commission** (a board to encourage formation of economic, agricultural and forestry units)
254	≠
(staatliche Hafenbehörde; staatliche Behörde, die über Hafenentwicklungsfragen berät und dem *Department of the Environment* Empfehlungen gibt)	**National Ports Council** (a national authority to advise the Department of the Environment on development of ports)
255	≠
(staatliche Wasserwirtschaftsbehörde; staatliche Behörde, die über wasserwirtschaftliche Fragen berät und den *River Authorities* und dem *Department of the Environment* Empfehlungen gibt)	**Water Resources Board** (a national authority to consider and advise upon water resource policy and to give advice to River Authorities and to the Department of the Environment; cf. Water Resources Act 1963)
256	≠
(staatliche Behörde mit der Aufgabe, Neuaufforstungen	**Forestry Commission** (a State authority to plant and manage forests for the pro-

durchzuführen und Wald für die Holzerzeugung und Erholung zu pflegen)

duction of timber and for recreation)

257 ≠

(Kommission für Landschafts-pflege; staatliche Behörde in England und Wales mit der Aufgabe, die Schönheit der Landschaft zu schützen und sie für die Erholung zu erschließen, und zwar durch *natural parks, country parks, areas of outstanding natural beauty*; in Schottland besteht eine ähnliche Behörde.)

Countryside Commission
(an authority in England and Wales, and another in Scotland, to conserve the beauty of the countryside and provide facilities for its enjoyment, e. g., through national parks, country parks, areas of outstanding natural beauty; cf. Countryside Act 1968)

258 ≠

(Behörde, (gegr. 1949) um Forschungen auf dem Gebiet des Naturschutzes durchzuführen, entsprechende Empfehlungen zu geben und Naturschutzgebiete auszuweisen und zu unterhalten)

Nature Conservancy
(an authority (founded in 1949) to undertake research, and advise on nature conservation and to establish and manage nature reserves)

259 **Planungsgestalter, Planungssachverständiger m.**

= **planning consultant**

260 ≠

(nationaler Sportrat; für die allgemeine Entwicklung der Körperkultur zuständige Behörde, die den kommunalen Körperschaften die dafür vorgesehenen Mittel zuweist)

Sports Council
(national body responsible for the overall development of physical recreation facilities and which distributes government funds for this purpose to local authorities)

261 ≠

(regionale Sportstätten; Regionalbehörden mit Koordinierungsaufgaben auf dem Gebiet der Körperkultur; sie beraten den nationalen Sportrat bei dessen Entscheidungen über innerregionale Prioritäten.)

Regional Sports Councils
(regional bodies which seek to co-ordinate the provision of physical recreation facilities within their area and advise the national Sports Council on intra-regional priorities)

2.3 Internationale Zusammenarbeit

International co-operation

262 **grenzüberschreitende Raumordnung**
(z. B. im Rahmen der Zusammenarbeit zwischen der BRD

= **transfrontier regional planning**
(e. g., within the framework of co-operation between the

und den Niederlanden im deutsch/niederländischen Grenzraum) = FRG and the Netherlands in the German/Dutch border area)

263 **Europäische Raumordnungsministerkonferenz** (Ständige Konferenz der Raumordnungsminister der dem Europarat angehörenden Staaten. Die erste Tagung hat 1969 stattgefunden; an ihr haben u. a. auch Vertreter der EFTA, EWG, FAO, OECD, WHO teilgenommen.) = **European Conference of Regional Planning Ministers** (standing conference of ministers responsible for regional policy from the countries belonging to the Council of Europe. The first meeting took place in 1969 and there were also representatives of among others EFTA, the EEC, FAO, OECD, WHO.)

264 **Ausschuß m. des Europarats für kommunale und regionale Fragen** = **Council of Europe, Committee for Municipal and Regional Matters**

265 **Konferenz f. für Raumordnung in Nordwesteuropa** (offizielle Bezeichnung: Beratende Ständige Konferenz von Fachleuten für Raumordnung und Regionalplanung in den Niederlanden, Belgien, Luxemburg, Nordostfrankreich und den westlichen Ländern der BRD; Sitz Lüttich) = **Conference for Regional Policy in North-West-Europe** (advisory standing conference for regional policy and regional planning in the Netherlands, Belgium, Luxembourg, North-East-France and the western *Länder* of the FRG; Headquarters: Liège)

266 **Rat m. der Gemeinden Europas** (europäische Kommunalvereinigung, die sich u. a. mit der Rolle der Gemeinden und Gemeindeverbände im Rahmen einer europäischen Raumordnung befaßt) = **Council of European Municipalities** (association of European local authorities which among other things concerns itself with the role of local authorities and local authority associations in European regional policy)

267 **Europäische Kommunalkonferenz** (Ständige Konferenz kommunaler Gebietskörperschaften beim Europarat für Fragen der Kommunalpolitik in der Raumordnung) = **European Conference of Local Authorities** (standing conference of local authorities in the Council of Europe which discusses local government to regional policy)

268 **EUREGIO f.** (Interessengemeinschaft deutscher Gemeinden und Landkreise mit kommunalen Körperschaften jenseits der Staatsgrenze, z. B. an der deutsch-niederländischen Grenze, und im Bodenseegebiet) $\neq$ (conference of German local authorities with those in adjacent areas of neighbouring countries, e. g., the Netherlands border and the Lake Constance area)

269	Europäisches Forschungsinstitut für Raumordnung und Stadtplanung (im Jahre 1970 gegründetes Forschungsinstitut mit Sitz in Den Haag)	= European Research Institute for Regional and Urban Planning (ERIPLAN) (research institute founded in 1970, located in The Hague)
270	Umweltausschuß m. der NATO - CCMS (Ausschuß mit der Aufgabe, zur Bewältigung der Umweltprobleme in der technisierten Welt beizutragen)	= Nato Committee for the Challenge of Modern Society - CCMS (committee whose task it is to overcome the environmental problems associated with a technological world)
271	Internationaler Verband für Wohnungswesen, Städtebau und Raumplanung (Sitz: Den Haag; private Vereinigung mit wissenschaftlichen Aufgaben auf den im Namen genannten Gebieten)	= International Federation for Housing and Planning (Headquarters: The Hague; private association for the study of housing, town planning and regional policy)
272	Deutscher Verband für Wohnungswesen, Städtebau und Raumplanung (Sitz: Köln. Der Verband ist zugleich Deutsche Sektion des Internationalen Verbandes für Wohnungswesen, Städtebau und Raumplanung.)	≠ (Headquarters: Cologne. The federation is also the German section of the International Federation for Housing and Planning.)
273	Britische Sektion des Internationalen Verbandes für Wohnungswesen, Städtebau und Raumplanung	= International Federation for Housing and Planning; British Section
274	Internationale Kommission zum Schutz des Rheines - Internationale Rhein-Kommission	= International Commission for the Protection of the Rhine - International Rhine Commission
275	Der gemeinsame Markt (der EWG)	= The Common Market (of the EEC)
276	Marktordnung f. (gemeinsame, der EWG)	= market regulation (common, of the EEC)
277	Marktorganisation f. (der EWG)	= market organization (of the EEC)
278	Niederlassungsfreiheit f.	= right of establishment
279	gemeinsame Agrarpolitik (der Europäischen Gemeinschaften)	= Common Agricultural Policy (of the European Communities)
280	gemeinsamer Agrarfonds	= Common Agricultural Fund

281 **Basisregion f.**
(Die Kommission der Europäischen Gemeinschaften hat eine
1971 veröffentlichte Unter-
suchung über die regionalen
Entwicklungstendenzen in der
Gemeinschaft auf der Grundlage
der Einteilung des Gesamtgebie-
tes der Europäischen Gemeinschaften in 110 „Basisregionen"
durchgeführt.)

= **Basis region**
(The commission of the European Communities carried out a
study, published in 1971, into
regional development tendencies
in the Community on the basis
of a division of the territory of
the European Communities into
110 "basis regions".)

282 **auf Gemeinschaftsebene f.**
(Im Zusammenhang mit der
Politik der Europäischen Gemeinschaften verwendeter Ausdruck, der kennzeichnen will,
daß politische Überlegungen auf
der Ebene der Europäischen Gemeinschaften angestellt werden)

= **at Community level**
(term used in connection with
the policies of the European
Communities to indicate that
policies are being considered at
the level of the entire Community)

283 **innergemeinschaftlich**
(im Bereich der Europäischen
Gemeinschaften; z. B. der inner-
gemeinschaftliche Straßen-
verkehr)

= **infracommunity**
(within the European Communities; e. g., infracommunity road
transport)

284 **Regionalfonds m.**
(Mittel für regionalpolitische
Maßnahmen, die im allgemeinen
Haushalt der EWG bereitgestellt
werden)

= **the Regional Fund**
(tool for regional policy measures provided for in the general
budget of the EEC)

285 **Europäische Investitionsbank**
(Auf Grund von Art. 130 EWG-
Vertrag geschaffene Bank, die
durch Gewährung von Darlehen,
z. B. die Finanzierung von Vorhaben zur Erschließung der
weniger entwickelten Gebiete
der Europäischen Gemeinschaften, erleichtern kann)

= **European Investment Bank**
(Bank set up under Article 130
of the EEC Treaty which can
assist the development of the
undeveloped areas of the European Communities, for example,
by making loans for specific
projects)

286 **Europäischer Ausrichtungs- und
Garantiefonds m. für die Landwirtschaft**
(finanzielle Mittel der EWG,
u. a. für die Schaffung außer-
landwirtschaftlicher Arbeitsplätze in strukturschwachen
Agrargebieten)

= **European Agricultural Equip-
ment and Guarantee Fund**

(financial measure of the EEC,
inter alia to encourage the provision of non-agricultural employment opportunities in struc-
turally weak rural areas)

287 **freier Dienstleistungsverkehr**
(über nationale Grenzen hinweg)

= **free movement of services**
(across national frontiers)

288 **freier Kapitalverkehr**
(über nationale Grenzen hinweg)

= **free movement of capital**
(across national frontiers)

289	Freihandelszone f.	= **free trade area**
290	assoziierte Mitglieder npl. (der EWG)	= **associated members** (of the EEC)

3. Mittel und Methoden

Measures and methods

3.1 Programme und Pläne

Programmes, plans

291 **Raumordnungsprogramm n.; Raumordnungsplan m.**
(z. B. Bundesraumordnungsprogramm, Landesraumordnungsprogramm, Landesentwicklungsplan, Bezirksraumordnungsprogramm)

± **regional planning programme**
(regional planning programmes are prepared at several levels of government, e. g., Federal, *Land* and for subregions within *Länder*)

292 **Rahmenplan m.** = **strategic plan**

293 **Zielplan m.** = **end-state plan**

294 **Durchführungsplan m.** = **implementation programme**

295 **Investitionsplan m.; Investitionsprogramm n.** = **investment plan, investment programme**

296 **Bundesraumordnungsprogramm n.**
(in Vorbereitung befindliches Programm der Bundesregierung; es soll Hauptgrundlage der Raumordnungspolitik des Bundes werden. Das Programm wird, auf der Grundlage einer konkreten räumlichen Zielvorstellung für die Entwicklung des Bundesgebietes, die regionale Verteilung der räumlich wirksamen finanziellen Mittel des Bundes festlegen. Es wird in fünf Abschnitten vorbereitet:
- Gebietseinheiten
- Prognose
- Zielsystem
- Regionalisierung raumwirksamer Bundesmittel
- Ableitung von Schwerpunkten und Prioritäten.
Im VK: Konzept für einen Plan für die Aufteilung der raumwirksamen staatlichen Finanzmittel auf die *Economic Planning Regions;* bisher nicht voll verwirklicht)

± **national interregional plan, national physical plan**
(federal programme currently in preparation; it is intended as the main expression of federal regional policy. The programme will set out a regional allocation of federal resources on the basis of national development. It is being prepared in five parts:

- definition of subareas
- forecasts
- definition of objectives
- regionalization of federal resources
- identification of issues and priorities.
In the UK: a concept for a plan allocating resources between Economic Planning Regions which has never been fully realized)

297 **Landesraumordnungsplan m.**

(in der BRD:
Raumordnungsplan für das Gebiet eines Bundeslandes; in manchen Bundesländern als Landesentwicklungsplan, Landesentwicklungsprogramm, Landesraumordnungsprogramm bezeichnet;
im VK: RO-Plan für eine *Economic Planning Region*)

± **regional plan,
regional strategy**

(in the FRG:
regional policy plan for a *Land;*
also called *Landesentwicklungsplan, Landesentwicklungsprogramm, Landesraumordungsprogramm* in some *Länder;*

in the UK: regional policy plan for an Economic Planning Region)

298 **Regionalplan m., regionaler Raumordnungsplan**
(in der BRD: RO-Plan für einen gebietlichen Bereich eines Landes; s. § 5 Abs. 3 ROG; in manchen Ländern als Gebietsentwicklungsplan bezeichnet; s. auch Planungsgemeinschaft; Planungsverband;
im VK: Raumordnungsplan für *subregions*)

± **subregional plan**

(in the FRG: regional policy plan for a region of a *Land*; cf. § 5 (3) ROG; in some *Länder* called *Gebietsentwicklungsplan,* cf. also *Planungsgemeinschaft, Planungsverband;*

in the UK: the plan of regional policy for a subregion)

299 **Kreisentwicklungsprogramm n.;
Kreisentwicklungsplan m.**
(Programm oder Plan der Landkreise, die der Verwirklichung der Raumordnungspläne dienen sollen; vgl. z. B. § 11 ff. LPlG SH, § 33 LPlG BW)

≠

(programme or plan of the *Landkreise* which is intended to "firm up" the regional or subregional plans; cf., e. g., § 11 et seq. LPlG SH, § 33 LPlG BW)

300 ≠

(kommunaler Entwicklungsplan; eine schriftliche Darstellung der Ziele und Lösungsvorschläge der zuständigen kommunalen Behörde für die Entwicklung, die Flächennutzung, den Umweltschutz sowie die Verkehrsplanung und -bedienung)

Structure Plan
(a written statement which sets out the policy and proposals of the local planning authority for development, land use, improvement of the physical environment and the management of traffic)

301 ≠

(Interkommunaler Planungsraum; im VK: Planungsraum, in dem mehrere kommunale Körperschaften ihre Bauleitpläne (nach TCP Act 1971) aufeinander abstimmen;
für die BRD in etwa vergleichbar mit den Planungsräumen nach §§ 3 und 4 BBauG)

structure area
(in the UK: planning area in which two or more local planning authorities prepare the development plans (under the TCP Act 1971) in co-operation;

for the FRG partly comparable with the planning areas under §§ 3 and 4 of BBauG)

302 **Bauleitplan m.**
(in der BRD: Sammelbegriff für
1. Flächennutzungsplan und
2. Bebauungsplan, s. § 1 Abs. 2
BBauG; im VK: Sammelbegriff
für 1. *County Map, Town Map*
und *Comprehensive Development Area Map* nach dem *TCP
Act* 1962, 2. *Structure Plan* und
Local Plan nach dem *TCP Act,*
1971)

= **Development Plan**
(in the FRG: collective term for
Flächennutzungsplan and *Be-
bauungsplan;* see § 1 (2) BBauG;
in the UK: collective term (1)
under 1962 TCP Act for
County Map, Town Map and
Comprehensive Development
Area Map and (2) under 1971
TCP Act for Structure Plan and
Local Plans)

303 **Flächennutzungsplan m.**
(Plan, der die beabsichtigte
städtebauliche Entwicklung und
die Art der Bodennutzung für
eine ganze Gemeinde nach den
voraussehbaren Bedürfnissen
darstellt; s. § 1 Abs. 2, § 2 f., 5 ff.
BBauG)

± **County Map, Town Map**
(plan which sets out the proposals of the local planning
authority for the use of land
within their area in relation to
the needs as they have been
determined; cf. TCP Act 1962)

304 **Gemeinsamer Flächennutzungsplan**
(in der BRD s. § 3 BBauG)

≠
(common town map;
in the FRG cf. § 3 BBauG)

305 **Bebauungsplan m.**
(im VK: ein detaillierter Plan
für einen Teil eines von einem
structure plan erfaßten Gebietes;
in der BRD: ein für jedermann
rechtsverbindlicher Plan für die
beabsichtigte städtebauliche Entwicklung und die Art und das
Maß der baulichen Nutzung
eines Teiles des Gemeindegebie-
tes; s. § 1 Abs. 2, § 2, §§ 8 ff.
BBauG)

± **Local Plan**
(in the UK: a detailed plan for
part of the area covered by a
structure plan, cf. TCP Act
1972;
in the FRG: a legally binding
plan for the type and extent of
development in a part of an area
of a local authority)

306 **Landschaftsplan m.**
(Darstellung der Ziele und Maßnahmen der Landschaftspflege
und des Naturschutzes)

= **landscape plan**
(statement of objectives and
measures for the conservation of
landscape and the protection of
nature)

307 **Umweltprogramm n.**
(z. B. das Umweltprogramm der
Bundesregierung vom 14. Oktober 1971; Bundestagsdrucksache
VI/2749; im VK: MHLG Com-
mand paper 4373 HMSO 1970)

= **environmental policies**
(e. g., the federal *Umweltprogramm* of 14th October 1971;
in the UK: the MHLG Com-
mand paper 4373 HMSO 1970)

308 **wasserwirtschaftlicher Rahmenplan**
(Plan zur Sicherung der wasser-
wirtschaftlichen Erfordernisse

± **strategic water resources plan**

(plan for the long term safe-
guarding of water supply re-

für Flußgebiete oder Wirt-
schaftsräume; vgl. § 36 Wasser-
haushaltsgesetz vom 27. 7. 1957
BGBl. I S. 1110)

quirements for catchment areas
or economic regions)

309 **Generalverkehrsplan m.**
(integrierender Plan für die Entwicklung der Verkehrsstruktur)

= **transportation plan**
(a comprehensive plan for the
operation and development of a
transport system)

310 **Ausbauplan m. für Bundesfernstraßen**
(vgl. Gesetz über den Ausbau
der Bundesfernstraßen in den
Jahren 1971 bis 1985 v. 30. Juni
1971, BGBl. I S. 873)

± **national interurban road
programme**
(cf. Ministry of Transport Com-
mand paper 4369 HMSO 1970)

311 **Wohnungsbauprogramm n.**

= **housing programme**

3.2 Finanzielle Instrumente

Financial measures

312 **Regionalisierung f. des Staats-
haushaltes**
(regionale Differenzierung der
staatlichen Einnahmen und Aus-
gaben)

= **regionalization of the national
budget**
(regional differentiation in the
application of State income and
expenditure policies)

313 **Starthilfe f.**

= **pump priming finance**

314 **Umstellungsbeihilfe f.**
(Unterstützung einzelner Wirt-
schaftszweige durch öffentliche
Mittel, um durch Verbesserung
der Produktionsanlagen eine
größere Wirtschaftlichkeit bei
veränderten Marktverhältnissen
zu erreichen)

≠
(re-equipment grant, financial
support to industries for the improvement of production facilities to increase their efficiency
in changed market conditions. In
the UK investment grants can be
used for this purpose.)

315 **Anpassungsbeihilfe f.**
(Unterstützung einzelner Wirt-
schaftszweige durch öffentliche
Mittel, um Gewinneinbußen in-
folge der allgemeinen Wirt-
schaftsentwicklung auszu-
gleichen)

± **adjustment subsidy**
(financial support to cushion
sectors of the economy against
reduced income resulting from
a changed overall state of the
economy)

316 **Frachthilfe f.**

= **freight subsidy**

317 **Gießkannenprinzip n.**

(in der BRD umgangssprach-
licher Fachausdruck für die nicht
nach räumlichen Schwerpunkten
vorgenommene und daher raumordnungspolitisch ineffiziente
Verteilung öffentlicher Mittel)

± **regionally indiscriminate
measure**
(in the FRG popular expression
for the allocation of public
resources in an indiscriminate
manner which is inefficient from
the point of view of regional
policy)

318	**laufender Zuschuß**	= **operating subsidy, operating grant**
319	**Zinszuschuß m.; Zinsvergütung, Zinsverbilligung f.**	= **subsidy on loan interest**
320	**Investitionsbeihilfe f.** (Sammelbegriff für öffentliche Transferzuwendung an gewerbliche, in der BRD auch an landwirtschaftliche Unternehmen)	= **investment assistance** (collective term for payments from public funds to industrial enterprises, and in the FRG to agricultural enterprises)
321	**Investitionszuschuß m.**	= **investment grant, capital ∼**
322	**Investitionsdarlehen n.**	= **investment loan**
323	≠	**Selective Employment Tax (SET)** (differential pay-roll tax designed to discourage employment in the tertiary sector except for transport and public administration: repealed in 1973)
	(branchenspezifische Beschäftigungssteuer; eine für die einzelnen Wirtschaftssektoren unterschiedlich hohe Steuer, die erhoben wird, um das Wachstum der Beschäftigtenzahlen im tertiären Sektor - ausgenommen Verkehr und öffentliche Verwaltung - einzuschränken)	
324	≠	**Regional Employment Premium (REP)** (a subsidy per employee paid to manufacturing employers in development regions)
	(regionale Arbeitsplatzprämie; eine ständige Prämie, die in Entwicklungsgebieten an industrielle Arbeitgeber gezahlt wird)	
325	**steuerliche Abschreibungsmöglichkeit**	= **depreciation allowance**
326	**Kilometerpauschale f.**	≠ (tax deductible mileage allowance for commuters travelling by car)

3.3 Sonstige Mittel und Methoden

Other measures and methods

327	**Strukturverbesserung f.**	= **structural improvement**
328	**strukturelle Anpassung**	= **structural adaptation**
329	**Umstrukturierung f.**	= **restructuring**
330	**Umsiedlung f.** (von Bevölkerung)	= **relocation** (of population)

331	**Prüfen n. von Alternativen** (als Teil eines raumordnungs- politischen Entscheidungs- prozesses)	±	**evaluation of alternatives** (as a part of a plan-making process)
332	≠ (Matrix der Ziel-Mittel- Beziehungen)		**goals achievement matrix**
333	≠ (Darstellung der Relevanz von Planungen für gesellschaftliche Gruppen)		**planning balance-sheet**
334	**Effizienz f. des Mitteleinsatzes**	=	**cost effectiveness**
335	**Kosten-Nutzen-Analyse f.**	=	**cost-benefit-analysis**
336	**Bestandsaufnahme f.**	=	**regional survey**
337	**Fehlplanung f.**	=	**bad planning**
338	**Folgeleistungen,** **Folgemaßnahmen fpl.**	=	**ancillary provisions**
339	**Folgelasten, Folgekosten fpl.**	=	**capital and running costs of** **ancillary facilities**
340	**landesplanerische Vorleistung** (aus raumordnungspolitischen Gründen zeitlich vorgezogene Infrastrukturmaßnahmen; s. Folgeleistungen)	=	**advance provision** (provision of infrastructure in advance of requirements in pursuit of regional policy)
341	**Schwerpunktbildung f.**	=	**development of growth points**
342	**entflechten, einen Raum** (Verbesserung der Struktur eines Raumes durch Dekonzentration und Auflockerung)	±	**to decongest, to deconcentrate,** **to decentralize** (to ameliorate the diseconomies of excessive complexity through measures of deconcentration and dispersal in order to attain a more desirable regional structure)
343	**Entlastungsort m.** (bestehende oder neue Gemeinde im Randbereich eines Verdich- tungsraumes, die den Verdich- tungskern durch die Aufnahme von Wohn- und Arbeitsstätten entlasten soll; für die BRD s. § 2 Abs. 1 Nr. 6 ROG; im VK für *expanded towns:* *Town Development Act* 1962, für *new towns: New Towns Act* *1947* und 1964)	±	**expanded town, new town** (an existing town or a new urban foundation situated at the margin of an agglomeration which by providing new housing and work places aims to relieve pressure within conurbations; cf. for expanded town: Town Development Act 1962; for new town: New Towns Act 1947 and 1964)
344	**Förderungsgebiet n.** (im VK und in der BRD: Ent- wicklungsgebiet, das als Förde-	±	**assisted area** (in the UK and the FRG: area designated as assisted area, re-

rungsgebiet staatlich anerkannt ist, wodurch es öffentliche Förderung, insbesondere finanzieller Art, erhält. Im VK gab es aufeinanderfolgend die Bezeichnungen *special area, development district* und *development area.* Seit 1972 gibt es drei Kategorien von Förderungsgebieten: *special development area* (höchstmögliche Förderung), *development area, intermediate area.* Nordirland ist insgesamt ein Förderungsgebiet, mit zum Teil noch besseren Förderungsbedingungen.

In der BRD: Gebietskategorie nach dem Raumordnungsgesetz des Bundes (§ 2 Abs. 1) und Gebiete, die auf Grund des Gesetzes über die Gemeinschaftsaufgabe „Verbesserung der regionalen Wirtschaftsstruktur" abgegrenzt werden)

ceiving assistance, especially financial. In the UK, there were formerly and successively special area, development district and development area.

Since 1972 there are three categories of assisted areas: special development areas (highest level of assistance), development area, intermediate area. Northern Ireland is as such an assisted area, with a full range of incentives, some at higher rates.

In the FRG:
Categories of areas according to the *Raumordnungsgesetz des Bundes* (§ 2, (1)) and areas designated on the basis of the *Gesetz über die Gemeinschaftsaufgabe Verbesserung der regionalen Wirtschaftsstruktur*)

345 **Bundesausbaugebiet n.**
(im Rahmen des Regionalen Förderungsprogrammes der Bundesregierung festgelegtes Förderungsgebiet)

= **Federal Development Area**
(development area within the Regional Development Programme of the Federal Government)

346 **Bundesausbauort m.**
(im Rahmen des Regionalen Förderungsprogrammes der Bundesregierung festgelegter Förderungsort)

≠
(Federal Development Town; Town selected for special development within the Regional Development Programme of the Federal Government)

347 **Entwicklungsmaßnahmen fpl.**
(a) allgemeiner Ausdruck für Entwicklungsmaßnahmen unterschiedlicher Art,
b) in der BRD: im Sinne des Städtebauförderungsgesetzes: Maßnahmen, durch die

± **development measures**
(a) general term for development measures of different kinds
b) in the FRG: measures under the *Städtebauförderungsgesetz* (Urban Renewal and Town Development Act) by which

1. neue Orte geschaffen oder

2. vorhandene Orte zu neuen Siedlungseinheiten entwickelt oder

1. new settlements are developed,

2. existing settlements are developed and expanded,

	3. vorhandene Orte um neue Ortsteile erweitert werden)	3. existing settlements are extended)
348	**Baulandbeschaffung f.**	± **release of land for development**
349	**Umlegung f.**	≠

(Zur Erschließung oder städtebaulichen Neugestaltung bestimmter Gebiete einer Gemeinde können bebaute und unbebaute Grundstücke in der Weise neu geschnitten werden, daß nach Lage, Form und Größe zweckmäßig gestaltete Grundstücke entstehen; vgl. §§ 45 ff. BBauG)

(re-allocation of land; developed or undeveloped plots of land can, in order to assist the replanning of particular areas, be compulsorily re-allocated in order to produce plots which have a more rational location, shape and size, cf. §§ 45 et seq. BBauG)

350	**Industrieansiedlung f.** (z. B. in Förderungsgebieten)	= **establishment of industries** (e. g., in development areas)
351	**Verlagerung f. von Betrieben**	= **relocation of enterprises**
352	≠	**Industrial Development Certificate (IDC)**

(Genehmigung für die Schaffung industrieller Nutzfläche; ministerielle Genehmigung für die Schaffung industrieller Nutzfläche, die in allen Teilen des VK erforderlich ist; s. *Distribution of Industry Act* 1945 - s. Nr. 354)

(in UK permit required from central government to create new industrial floor space in the manufacturing industry anywhere in UK; cf. Distribution of Industry Act 1945; cf. No. 354)

353	≠	**Office Development Permit (ODP)**

(Genehmigung für die Schaffung von Büronutzfläche; in bestimmten Gebieten Großbritanniens, z. B. im Raum London, erforderliche ministerielle Genehmigung; s. *Control of Office and Industrial Development Act* 1964; s. Nr. 354)

(permit required from central government to create new office floor space in certain parts of Great Britain; cf. Control of Office and Industrial Development Act 1965; cf. No. 354)

354	≠	**floor space policy**

(Steuerung der Gewerbeflächenverteilung; im VK regionalpolitisches Mittel der Regierung, durch das mit Hilfe von staatlichen Genehmigungen die räumliche Verteilung von Büro-Gewerbeflächen beeinflußt wird; s. *Distribution of Industry Act* 1945, *Control of Office and Industrial Development Act* 1965; Nrn. 352/353)

(in the UK policy of the government by which the regional development of offices and factories can be influenced by controls on the amount of the permitted floor space; cf. Distribution of Industry Act 1945, Control of Office and Industrial Development Act 1965; Nos. 352/353)

355	≠	**Advance Factory**
	(vorerrichtetes gewerbliches Gebäude; standardisiertes gewerbliches Gebäude, das in der Regel vom Staat in Förderungsgebieten finanziert oder errichtet wird, um an Unternehmen vermietet oder verkauft zu werden)	(an industrial building usually of standard design financed and built by central government for lease or sale in assisted areas)
356	**Industriepark m.**	= **industrial estate, trading estate**
	(im VK: geschlossen entwickeltes und einheitlich verwaltetes Industriegebiet)	(in the UK: comprehensively developed and managed industrial area)
357	**Grünzone f.**	= **green belt**
	(s. *Town and Country Planning Act* 1967 und *MHLG Circulars* 42/55 und 50/57; Gesetz betreffend Siedlungsverband Ruhrkohlenbezirk, s. Quellenverzeichnis)	(cf. Town and Country Planning Act 1967 and MHLG Circulars 42/55 and 50/57)
358	≠	**green wedge**
	(linearer oder keilförmiger regionaler Grünbereich; auch im Sinne eines lokalen Grünzuges zu verstehen; in der BRD vgl. Siedlungsverband Ruhrkohlenbezirk)	(linear or wedge shaped regional or local open space; in the FRG cf. *Siedlungsverband Ruhrkohlenbezirk*)
359	**Bodenvorratspolitik f.**	± **land assembly policy**
360	**Flächensicherung f.**	± **safe-guarding land requirements**
361	**Informationssystem n.**	= **information system**
362	**regionale Datenbank**	= **regional data bank**
363	**Planzeichen n.**	= **plan notation**
364	**Raumordnungsbericht m.**	≠
	(in längeren Zeitabständen, meist alle zwei Jahre, von der Bundesregierung an den Bundestag, von Landesregierungen an den Landtag zu erstattender Bericht über den Stand der Raumordnungspolitik; s. z. B. § 11 ROG; § 24 LPlG NRW; § 6 NROG; § 17 LPlG Rh.-Pf.)	(report on regional policy; report by the Federal Government or by a *Land* Government to their respective Parliament on the regional policy situation, cf., e. g., § 11 ROG; § 24 LPlG NRW; § 6 NROG; § 17 LPlG Rh.-Pf.)

4. Sachbereiche

Aspects

4.1 Bevölkerung

Population

365	**Bevölkerungszahl f.**	= **population** (total)
366	**Bevölkerungsverteilung f.**	= **population distribution**

367	Bevölkerungsdichte f.	=	population density
368	natürliche Bevölkerungs- bewegung	=	natural population change
369	Bevölkerungsentwicklung f.	=	population trend
370	Bevölkerungsveränderung f. (im Sinne von Zu- oder Ab- nahme)	=	population change (increase or decrease)
371	Bevölkerungswachstum n.; Bevölkerungszuwachs m.	=	population growth, ~ increase
372	Bevölkerungsrückgang m.	=	population decline
373	Altersaufbau m.	=	age structure
374	Geburtenüberschuß m.	=	surplus of births over deaths
375	Überalterung f. der Bevölkerung	=	aging of the population
376	Geburtenziffer, Geburtenrate f.	=	birth rate
377	Sterblichkeitsziffer, Sterbeziffer, Sterberate f.	=	death rate, mortality
378	Geburtenrückgang m.	=	decline in the birth rate
379	Geburtenbeschränkung f.	=	restriction of the birth rate
380	Geburtenkontrolle f.	=	birth control
381	geburtenschwacher Jahrgang	=	cohort with a low birth rate
382	Lebenserwartung f.	=	expectation of life
383	Bevölkerungsdruck m.	=	population pressure
384	Bevölkerungsbilanz f.	=	net population change
385	Überbevölkerung f.	=	overpopulation
386	Bevölkerungsmobilität f.	=	population mobility
387	regionale Mobilität (in der BRD: einschließlich Pendler, im VK: ohne Pendler)	±	mobility (in the FRG: inclusive of com- muters, in the UK: exclusive of commuters)
388	persönliche Freizügigkeit	=	freedom of movement
389	Entvölkerung, Entleerung f. (z. B. des ländlichen Raumes)	=	depopulation (e. g., rural depopulation)
390	Wanderungsbewegung f.	=	migration
391	Wanderungssaldo m.	=	net migration
392	Zuwanderung f.	=	in-migration
393	Abwanderung f.	=	out-migration, migration from an area
394	Einwanderung f.	=	immigration
395	Auswanderung f.	=	emigration
396	Binnenwanderung f.	=	internal migration
397	Wanderungsgewinn m.	=	net migration gain
398	Wanderungsverlust m.	=	net migration loss

399	Wanderungsbilanz f.	= net migration change
400	Saisonwanderung f.	= seasonal migration
401	Nord-Südwanderung f.	± "drift to the south"
402	Wohnbevölkerung f.	= residential population
403	Agrarbevölkerung f.	= agricultural population
404	Landbevölkerung f.	= rural population
405	Stadtbevölkerung f.	= urban population
406	berufliche Gliederung (der Bevölkerung)	= occupational classification (of the population)
407	erwerbstätige Bevölkerung	= economically active population
408	Erwerbspersonen fpl. (einem Erwerb nachgehende Personen; Selbständige, abhängige und mithelfende Familienangehörige)	= gainfully employed persons (employers, self-employed persons, persons working for wages or salaries including family helpers and persons self-employed)
409	Erwerbsbevölkerung f.	= working population
410	Erwerbsquote f. (Anteil der Erwerbspersonen an der Wohnbevölkerung)	= activity rate (proportion of the population which is economically active)
411	Wirtschaftsbevölkerung f. (Begriff, der bei der Berechnung des Bruttoinlandsproduktes verwendet wird; er umfaßt die Wohnbevölkerung zuzüglich der doppelt gerechneten Zahl der Einpendler und abzüglich der doppelt gerechneten Zahl der Auspendler)	$\neq$ (term used in calculating the Gross Domestic Product; it consists of the resident population plus double the number of in-commuters and minus double the number of out-commuters.)
412	Pro-Kopf-Verbrauch m.	= per capita consumption
413	Bevölkerungswissenschaft f.	= demography
414	Bevölkerungsvorausberechnung, Bevölkerungsprognose f.	= population forecast
415	$\neq$ (Zielgröße der Bevölkerung)	population target
416	Volkszählung f.	= census

4.2 Finanzwesen   Finance

417	Steueraufkommen n. (einer Region)	= tax yield
418	Realsteuer f. (Oberbegriff für die beiden wichtigsten Gemeindesteuern: Grundsteuer und Gewerbesteuer)	$\neq$ (local taxes, collective term for the two most important local government (Gemeinde) taxes, rates and Local Business Tax)

419 **Realsteuerkraft f.**

≠
(local tax base per capita)

420 **Grundsteuer f.**
(im VK: Grundstücks- und Ge-
bäudesteuer; wichtigste kommunale Steuer; ähnelt der deutschen Grundsteuer)

± **rates**
(in the UK: local authority tax
levied on property; the most
important source of revenue for
local authorities; similar to
Grundsteuer in the FRG)

421 **Einheitswert m.**
(Bezeichnung für den behördlich festgelegten Nutzwert eines
bebauten oder unbebauten
Grundstückes, und zwar als Be-
messungsgrundlage für die
Erhebung von Steuern)

± **rateable value**
(the valuation placed upon a
property by the local authority
for the purpose of levying rates)

422 **Verkehrswert m.**
(eines Grundstückes)

= **market value** (of property)

423 **Gewerbesteuer f.**

≠
(local business tax)

424 **Gewerbesteuerausgleich m.**
(Die Arbeitsgemeinde eines
Pendlers entrichtet an dessen
Wohngemeinde einen Teilbetrag
der Gewerbesteuer.)

≠
(local business tax equalization.
The local authority in whose
area an individual commuter
works, pays in respect of him a
portion of local business tax to
the local authority in whose area
the commuter lives.)

425 **Finanzausgleich m.,**
vertikaler ~
horizontaler ~
(vertikal: zwischen Gebietskörperschaften verschiedener Ebe-
nen; horizontal: zwischen Gebietskörperschaften derselben
Ebene)

± **financial equalization**
vertical ~
horizontal ~
(vertical: between territorial
units at different levels of
government; horizontal: between territorial units at the
same level of government)

426 **Zweckzuweisung f.**
(eine Finanzzuweisung, die der
Staat einzelnen Gemeinden für
bestimmte Zwecke gewährt. Im
VK wird ein *block grant* für
jegliche Investitionen innerhalb
eines bestimmten Sektors, z. B.
des Verkehrs, gewährt; ein *specific grant* wird nur für ein be-
stimmtes Vorhaben, z. B. den
Ausbau einer Straße, gewährt)

= **specific grant, block grant**
(In the UK a block grant is paid
for any expenditure in a particular sector, e. g., transport; a
specific grant is paid only for
investment on a particular
project, e. g., a road improvement scheme.)

427 **Schlüsselzuweisung f.** = **rate support grant (RSG)**
(eine Finanzzuweisung, die der (a grant made by the govern-
Staat den Gemeinden ohne ment to local authorities the
nähere Zweckbestimmung nach amount of which is calculated to
festen Schlüsseln gewährt) a fixed formula)

428 **Fehlinvestition f.** = **misinvestment**

4.3 Städtebau und Wohnungs- Town planning, housing
wesen

429 **gebaute Umwelt** = **built environment**

430 **Bauordnung f.; baupolizeiliche** ± **building regulations, zoning and**
Vorschrift **building bye-laws, building code**
(in der BRD: durch Landesrecht
getroffene Regelung über die
Errichtung und Unterhaltung
baulicher Anlagen und die Nutzung der Grundstücke unter dem
Gesichtspunkt der Abwehr von
Gefahren)

431 **Baugenehmigung,** ± **planning permission**
Bauerlaubnis f.

432 **Einkaufszentrum n.** = **out of town shopping centre,**
hypermarket
(hier im Sinne der im Vorfeld
von Städten gelegenen zentralen
Einkaufsmöglichkeiten)

433 ≠ **historic town**
(in ihrem historischen Stadtbild
zu erhaltende Gemeinde)

434 **Denkmalpflege f.** **protection of ancient monu-**
ments and historical buildings

435 **Grünplanung, Grünflächen-** = **open space planning**
planung f.

436 **Grünfläche f.** = **open space**

437 **Grundstücksverkehr,** = **land transactions, property**
Bodenverkehr m. **dealing**

438 **Bodenpreis m.** = **land price**

439 **Bodenpolitik f.** = **land policy**

440 **Bodenreform f.** = **land reform**

441 **Bauerwartungsland n.** ± **land ripe for development**
(Flächen, von denen erwartet
wird, daß sie in absehbarer Zeit
Bauland werden)

442 **Bodenspekulation f.** = **land speculation**

443	**Abschöpfung f .von Planungsgewinnen**	=	**betterment levy**
444	**Sanierung f.** (in der BRD: StBFG; im VK: z. B. *Town and Country Planning Act* 1962 und *Housing Act* 1967)	=	**renewal, redevelopment**
445	**Sanierungsgebiet n.** (für die BRD s. StBFG, insbesondere § 3 ff. Im VK gibt es zwei Hauptarten von Sanierungsgebieten: a) *General Improvement Area,* durch die Gemeinde ausgewiesen: hier werden die vorhandenen Häuser modernisiert und die Infrastruktur verbessert. b) *Comprehensive Development Area:* hier werden die vorhandenen baulichen Anlagen beseitigt und die Flächen neu bebaut - s. Sanierung)	=	**renewal area** (for the FRG cf. StBFG. § 3 et seq. In the UK there are two main types of renewal areas: a) General Improvement Area designated by the local authority for improving of the existing housing stock and environment; b) Comprehensive Development Area designated for demolition and redevelopment; cf. renewal)
446	(Ausdruck für die Teile einer Stadtbevölkerung, die wegen der Sanierung von Wohngebieten innerhalb der Gemeindegrenzen keine Wohnmöglichkeiten mehr finden)	≠	**overspill** (term for the population which because of the redevelopment of residential areas to lower densities cannot be housed within the existing boundaries of a city)
447	**Dorferneuerung f.**	=	**village renewal**
448	**Wohnort m.**	=	**place of residence**
449	**Wohnwert m.**	=	**residential amenity**
450	**Wohnungsbedarf m.**	=	**housing need**
451	**Wohnungsnachfrage f.**	=	**housing demand**
452	**Wohnungsangebot n.**	=	**housing supply, housing stock**
453	**freifinanzierter Wohnungsbau**	=	**private housing**
454	**sozialer Wohnungsbau** (öffentlich geförderter Wohnungsbau)	±	**public housing** (housing subsidized by public funds)
455	**Wohnungsbestand m.**	=	**housing stock**
456	**Eigenheim n.**	=	**owner occupied house**
457	**Eigenheimbesitz m.**	=	**owner occupied housing**
458	**Einfamilienhaus n.**	=	**house** (single-family house)
459	**Eigentumswohnung f.**	=	**owner-occupied flat, co-operative apartment**
460	**Mietwohnverhältnisse npl.**	=	**renting housing**

| 461 | Zweitwohnung f. | = | second home |

4.4 Volkswirtschaft — The economy

462	freie Marktwirtschaft	=	free market economy
463	soziale Marktwirtschaft	=	social market economy
464	≠ (Wirtschaftsform mit Mischung von privatem und staatlichem Besitz an den Unternehmen)		mixed economy
465	≠ (konzertierte Wirtschaft; ein Wirtschaftsystem, dessen Ziele, Wege und Mittel gemeinsam durch den Staat und die Beteiligten - Unternehmer, Beschäftigte usw. - festgelegt werden)		planned economy
466	dirigistische Wirtschaft		≠ (economy with elements of strong State influence)
467	Zentralverwaltungswirtschaft, Planwirtschaft f.	=	State-controlled planned economy
468	Angebot n. und Nachfrage f.	=	supply and demand
469	Ressourcen fpl. (Gesamtheit aller Rohstoffe und Produktionsmittel für die wirtschaftende Tätigkeit des Menschen)	=	resources (totality of raw material and factors of production for human economic activity)
470	wachstumsorientiert	=	growth-oriented
471	Wettbewerbsfähigkeit f.	=	competitiveness
472	Vollbeschäftigung f.	=	full employment
473	Beschäftigungslage f.	=	employment situation
474	Arbeitsmarkt m.	=	labour market
475	Arbeitsplatz m.	=	job
476	Arbeitsstätte f.	=	place of employment
477	erwerbstätig	=	in gainful employment
478	Beschäftigungsdichte f. (eines Raumes)	=	employment density
479	amtliche Systematik der Betriebsstätten	=	Standard Industrial Classification (SIC)
480	regionale Einkommensverteilung		regional income distribution
481	Einkommensgefälle n., regionales	=	regional income differential

482	Lohngefälle, regionales	=	regional wage and salary differential
483	Preisgefälle, regionales	=	regional price differential
484	regionale Mobilität von Betrieben	=	industrial mobility
485	freie Wahl des Arbeitsplatzes	=	free movement of labour
486	außerlandwirtschaftliche Arbeitsplätze mpl.	=	jobs outside agriculture
487	Arbeitnehmer m.	=	employee
488	Arbeiter m.	±	blue collar worker
489	Angestellter m.	±	white collar worker
490	Arbeitgeber m.	=	employer
491	Betriebsstillegung f.	=	factory closure
492	Freisetzung f. von Arbeitskräften	=	release of surplus labour
493	≠ (Überflüssigwerden von Arbeitskräften, z. B. durch betriebliche Rationalisierung oder Strukturwandel)		redundancy
494	Arbeitskräfteüberschuß m.	=	excess labour supply
495	Erwerbsmöglichkeiten fpl.	=	job opportunities
496	Arbeitslosigkeit f.	=	unemployment
497	Arbeitskräftebedarf m.	=	labour demand
498	Arbeitskräftepotential n.	=	potential labour supply
499	Unterbeschäftigung f.	=	concealed unemployment
500	Erwerbstätigkeit f. mit überörtlicher Bedeutung (zusammenfassender Begriff für Erwerbstätigkeit von Personen, deren Güter und Dienstleistungen außerhalb des eigenen Ortes nachgefragt werden)	=	basic employment (employment within an area which meets demands for its goods and services originating outside the area)
501	Erwerbstätigkeit f. mit örtlicher Bedeutung	=	non-basic employment
502	Arbeitsplatzwechsel m.	=	job change
503	Arbeitsplatzkapazität f.	=	capacity of a region to generate employment

4.5 Gewerbliche Wirtschaft, Bergbau

Extractive and manufacturing industry, commerce

504	Wachstumsindustrie f.	=	growth industry

505	**standortunabhängige Industrie**	= **footloose industry, mobile industry**
506	**kapitalintensiv**	= **capital intensive**
507	**arbeitsintensiv, lohnintensiv**	= **labour intensive**
508	**Grundstoffindustrie f.**	± **primary industry**
509	**Zulieferbetrieb m.**	= **component supplier**
510	**Außenhandel m.**	= **foreign trade**
511	**Versandgeschäft n.**	= **mail order firm**
512	**Absatzmarkt m.**	= **market**
513	**Absatzgebiet n.**	= **market area**
514	**Industriebesatz m.** (eines Gebietes)	= **industrial job ratio** (of a region)

515 **Industriegebiet n.**
(in der BRD;
im städtebaulichen Sinne: Baugebiet, das ausschließlich der Unterbringung von Gewerbebetrieben dient, die in anderen Baugebieten nicht zulässig sind (§ 9 BauNVO); im raumordnerischen Sinne: in der BRD und im VK übliche Bezeichnung für überörtliche Räume, die in ihrer wirtschaftlichen Struktur stark industriell geprägt sind, z. B. Ruhrgebiet und *Black Country)*

± **industrial area**
(in the FRG;
area zoned in an urban master plan exclusively for use by industrial enterprises whose presence is unacceptable in other areas (§ 9 BauNVO).
In the FRG and in the UK, the term is used in a regional planning sense to indicate more generally an area whose economic structure is dominated by manufacturing industry e. g., The *Ruhr,* The Black Country.)

516 **Gewerbegebiet n.**

(in der BRD im städtebaulichen Sinne: Baugebiet, das vorwiegend der Unterbringung von nicht erheblich störenden Gewerbebetrieben dient (§ 8 BauNVO). Im ähnlichen Sinne wird der Ausdruck mitunter in regionalen Raumordnungsplänen zur Kennzeichnung von gewerblichen Siedlungsflächen verwendet. Im VK vgl. z. B. *work areas* im *Metropolitan Structure Map* des *Greater London Development Plan* (GLDP).)

± **area zoned for economic activities**
(in the FRG in an urban master plan: area zoned primarily for use by non-noxious activities cf. § 8 BauNVO). The term is used in a similar sense in regional plans for the designation of areas of economic activity.
In UK see, e. g., the "work areas" notation in the "Metropolitan Structure Map of the Greater London Development Plan" (GLDP).)

517 **Gewerbebetrieb m.**
(umfaßt alle wirtschaftlichen Betriebe, ausgenommen die Ur-

≠
(in the FRG collective term for all economic enterprises, with

	produktion, wie etwa Landwirt- schaft und Bergbau)	the exception of those in primary production, such as agriculture and mining)
518	**Grenzgänger m.**	≠ (commuter across national borders)
519	**Gastarbeiter m.** (zeitweilig eingewanderte Arbeitskraft)	= **foreign worker, immigrant** ~
520	**Exportindustrie f.**	= **export industry**
521	**Inlandsmarkt, Binnenmarkt m.**	= **home market, domestic market**
522	**Gewinnung f. von Boden- schätzen**	= **mineral extraction**
523	**Bergbaurevier n.**	= **mining area**
524	**Kohlenzeche, ~ grube f.; Bergwerk n.**	= **coal mine, ~ pit**
525	**Tagebau m.**	= **open cast, open pit**
526	**Halde f.** (des Abraumes)	= **tip heap, spoil heap**
527	**Grubensenkung f.**	= **subsidence**
528	**Steinbruch m.**	= **quarry**
529	**Sand- und Kiesgewinnung f.**	= **sand and gravel working**

4.6 Land- und Forstwirtschaft   Agriculture and forestry

530	**Agrarstruktur f.**	= **agrarian structure**
531	**agrarstrukturelle Vorplanung** (Entwicklungsplanung im länd- lichen Raum, meist für einen oder mehrere Nahbereiche, zu der Vorschläge für die Verbesse- rung der land- und forstwirt- schaftlichen Produktionsbedin- gungen und Betriebsstrukturen, aber auch z. B. für den Ausbau von Erholungseinrichtungen erarbeitet werden. Die agrar- strukturelle Verplanung bildet die Grundlage für Neuordnungs- maßnahmen im ländlichen Raum.)	≠ (development planning in rural areas, usually for the immediate spheres of influence of one or more settlements, in which proposals are made for the improvement of production conditions and enterprise structure in agriculture and forestry; in addition, proposals can be made, e. g., for the devel- opment of recreation facilities. The sum of these development proposals form the basis for the replanning of rural areas.)
532	**landwirtschaftliche Erzeugung**	= **agricultural production**
533	**landwirtschaftlicher Betrieb**	= **agricultural enterprise**
534	**Groß-, Mittel-, Klein-, Zwerg- betrieb m.**	= **large - medium - small - dwarf enterprise**

535	Sozialfunktion f.	=	social benefit
	(z. B. der Landwirtschaft, des Waldes)		(e. g., of agriculture, of woodland)
536	Bodennutzung, landwirtschaftliche	=	agricultural land use
537	Bodenbewirtschaftung, f. extensive , intensive ~	=	extensive cultivation, intensive ~
538	landwirtschaftlich, forstwirtschaftlich genutzte Fläche	=	agricultural, forested land
539	landwirtschaftliche Nutzfläche (LN)	≠	
			(agricultural land in a statistical sense)
540	Anbaufläche f.	=	cultivated area, ~ acreage
541	Grünlandbewirtschaftung f.	=	ley farming
542	Dreifelderwirtschaft f.	=	three-field system
543	Brachland n.	=	fallow land, idle land
544	Flurbereinigung f.	≠	
			(re-allocation and consolidation of agricultural land holdings)
545	Flurzersplitterung f.	=	fragmentation of agricultural holdings
546	Aussiedlung f.	±	rural resettlement
	(von Höfen aus Ortslagen)		(relocation of farmsteads outside villages consequent upon re-allocation of land and consolidation of holdings)
547	Aufstockung f.	≠	
	(im Sinne von Vergrößerung der Betriebsfläche eines landwirtschaftlichen Betriebes mit der Absicht, ein ausreichendes Familieneinkommen zu erzielen)		(farm expansion; to increase the size of a family farm, in order to secure an adequate income)
548	Althofsanierung f.	=	farm modernization
549	Bewertung f. landwirtschaftlicher Böden	±	agricultural land classification
550	Grenzertragsboden m.	±	marginal farm land
551	Bodenverbesserung f.	=	land improvement
552	Waldfläche f.	=	forest area
553	Waldbestand m.	±	forest cover
554	Waldanteil m.	=	woodland proportion
555	Aufforstung f.	=	afforestation
556	Ausscheiden n. landwirtschaftlicher Nutzflächen aus der Landwirtschaft	=	withdrawal of agricultural land from cultivation

557	Gesetz des abnehmenden Bodenertrags; Gesetz n. vom abnehmenden Ertragszuwachs des Bodens	=	law of diminishing agricultural marginal productivity

4.7 Öffentliche Versorgung und Dienstleistungen

Public utilities

558	Versorgung f.	=	provision of public utilities
559	Versorgungswirtschaft f.	=	public utilities
560	Entsorgung f. (Dienstleistungen für die Beseitigung von Abwässern und Abfällen)	≠	(sewage and refuse disposal services)
561	Wasserversorgung f.	=	water supply
562	Fernwasserversorgung f. (z. B. des Stuttgarter Raumes aus dem Bodensee, Birmingham von Reservoirs in Wales)	=	long distance water supply (e. g., Stuttgart area from Lake Constance, Birmingham from reservoirs of Wales)
563	Wassergewinnungsgebiet n.	=	water gathering grounds
564	Rückhaltebecken n.	=	retaining reservoir
565	Staubecken n.	=	reservoir
566	Wasserschutzgebiet n. (Gebiet, das im Interesse der öffentlichen Wasserversorgung vor schädlichen Einflüssen geschützt werden soll)	=	protected water gathering grounds
567	Wasserwirtschaft f.	=	water resources management, water engineering
568	Abwasserbeseitigung f.	=	sewage disposal
569	Vorfluter m. (Gewässer in seiner Eigenschaft als Aufnehmer von natürlichen Abflüssen und von Abwässern)	≠	(water body, in its capacity as a recipient of natural run off or discharges)
570	Talsperre f.	=	dam, barrage
571	Energieversorgung f.	=	energy supply
572	Energiepolitik f.	=	energy policy
573	Elektrizitätserzeugung, Stromerzeugung f.	=	electricity generation
574	Verbundnetz n.	=	grid
575	Hochspannungsleitung f.	=	high tension transmission cable
576	Erdgas n.	=	natural gas
577	Rohrfernleitung f.	=	pipeline
578	(Konzentration von Öltanks)	≠	tank farm

579	≠	shore terminal
	(Anfangs- bzw. Endpunkt einer Öl- oder Erdgasfernleitung)	
580	**Kraftwerk n.**	= power station
581	**Wasserkraftwerk n.**	= hydro-electric power station
582	**thermisches Kraftwerk**	= thermal power station
583	**Kernkraftwerk n.**	= nuclear power station
584	**Müllbeseitigung f.**	= refuse disposal
585	**Deponie f.**	= dumping, tipping (of refuse)
	(Lagerung von Abfällen)	
	geordnete ~	controlled tipping
	rechtmäßige ~	legal ~
	(an dafür vorgesehener Stelle)	
	wilde ~	fly ~
	rechtswidrige ~	illegal ~
586	**Einwegerzeugnis n.**	= one-trip product
587	**Dienstleistungsbetrieb m.**	= a service industry

4.8 Bildung, Gesundheits- und Sozialwesen

Education, health and welfare

588	≠	educational priority area (EPA)
	(Gebiet, in dem das Erziehungswesen durch spezielle staatliche Mittel besonders gefördert wird)	
589	**Bildungsgefälle n.**	= regional disparity in education
590	**bildungsmäßig unterversorgtes Gebiet**	= educationally deprived area
591	**Begabungsreserve f.**	≠
	(insbesondere in bildungsmäßig unterversorgten Gebieten)	(untapped educational potential)
592	**Bildungszentrum n.**	= educational centre
593	**Schulzentrum n.**	= school centre
594	**Mittelpunktschule, Nachbarschaftsschule f.**	= district primary school
595	**Schuleinzugsbereich m.**	= school catchment area
596	**Schulentwicklungsplan m.**	± school development plan
597	**Schulbauprogramm n.**	= school building programme
598	**Zwergschule f.**	= all-age school
599	**Grundschule f.**	= primary school
600	**Gesamtschule f.**	= comprehensive school
601	**weiterführende Schule**	= secondary school
602	**Berufsschule, Fachschule f.**	± technical college
603	**Berufsbildung f.**	= vocational training

604	Aufstiegsmöglichkeit f.	=	promotion possibility
605	Landwirtschaftsschule f.	=	agricultural college
606	Fortbildungsschule f.	=	college of further education
607	höhere Schule	=	grammar school
608	Fachhochschule f.	≠	(specialized institution of higher education, e. g., a college of arts)
609	Pädagogische Hochschule	±	college of education, teacher training college
610	Technische Hochschule	±	polytechnic
611	Gesamthochschule f.	=	comprehensive university
612	Hochschulbau m.	±	building of universities (or: polytechnics)
613	Erwachsenenbildung f.	=	adult education
614	Fahrbibliothek f.	=	travelling library
615	soziale Probleme npl.	=	social malaises
616	Einkommensgruppen fpl.	=	income groups
617	Wohlfahrtseinrichtungen fpl.	=	social services
618	Krankenhausversorgung f.	=	hospital provision
619	Schwerpunktkrankenhaus n.	=	regional hospital
620	Ärztezentrum n.	=	health centre
621	Gruppenpraxis, Gemeinschafts- praxis f.	=	group practice
622	Altenheim n.	=	old people's home
623	Altenwohnung f.; Altenwohnheim n.	=	old persons' dwelling

4.9 Fremdenverkehr und Erholung

Tourism and recreation

624	Erholungspotential n. (eines Gebietes)	=	recreation potential (of an area)
625	Fremdenverkehrsgemeinde f.	≠	(local authority area in which catering for tourists and other recreationists is a prime economic activity)
626	Freizeit f.	=	leisure time
627	Freizeitgestaltung f.	=	leisure time behaviour
628	≠ (individuelle Freizeitgestaltung auf dem Lande, ausgenommen Sport)		informal countryside recreation

629	Freizeitwert, Erholungswert m.	=	recreational value
630	Naherholungsgebiet n.	=	recreation area for half-day, day - and week-end-trips
631	Ferienhaus, Wochenendhaus n.	=	holiday cottage, week-end cottage, week-end châlet
632	Zweitwohnsitz m.	=	second home
633	≠ (Wohnwagenpark für Erholungszwecke)		holiday caravan park
634	Ferienerholung f.	=	holiday
635	Tageserholung f.	=	day-trip recreation
636	Wochenenderholung f.	=	week-end recreation
637	Ausflugsverkehr m.	=	excursion traffic

4.10 Verkehr — Transport

638	Verkehrsbedienung f. (z. B. eines Raumes)	=	transport provision (e. g., of a region)
639	Verkehrsgunst f.; verkehrliche Erreichbarkeit (Ausdruck für die Qualität der verkehrlichen Lage eines Gebietes oder Standortes)	=	accessibility (term for the quality of an area or location with regard to communication lines)
640	Verkehrsachse f.	=	transport axis
641	Verkehrsstrom m.	=	traffic flow
642	Verkehrsnetz n.	=	transport network
643	Verkehrsaufkommen n.	=	traffic generation
644	Verkehrsdichte f.	=	traffic density
645	Verkehrsengpass m.	=	traffic bottleneck
646	Verkehrsspitze f.	=	traffic peak
647	Stoßverkehr m.	=	rush hour traffic, peak hour traffic
648	Berufsverkehr m.	=	journey to work
649	gleitende Arbeitszeit	=	flexi-time
650	≠ (gestaffelte Arbeitszeit)		staggered hours
651	Erholungsverkehr m.	=	recreational traffic
652	Personenbeförderung f.	=	passenger carriage
653	Pendler m.	±	commuter
654	Einpendler m. (Bezeichnung für Pendler vom Standpunkt seiner Zielgemeinde)	=	in-commuter (term applied to commuter from the view point of the local authority area in which he works; in the FRG applies also to pupils and students)

655	**Auspendler m.** (Bezeichnung für Pendler vom Standpunkt seiner Wohngemeinde)	=	**out-commuter** (term applied to commuter from the view point of the local authority area in which he lives)
656	**Tages-, Wochenpendler m.** (Der Wochenpendler kehrt erst am Ende der Arbeitswoche in seinen Wohnort zurück.)	=	**daily-, weekly commuter** (A weekly commuter is a person who lives away from home during the working week.)
657	**Berufspendler m.** (Person, die ihre Arbeitsstätte außerhalb ihrer Wohngemeinde aufsucht)	=	**commuter** (person who works in a different local authority area from that in which he is resident)
658	**Ausbildungspendler m.** (Person, die ihre Ausbildung außerhalb ihrer Wohngemeinde aufsucht)	≠	(pupil or student who travels daily to study in a different local authority area from that in which he is resident)
659	**Pendlereinzugsbereich m.**	=	**commuter zone**
660	**Pendelentfernung f.**	=	**commuting distance**
661	**Verkehrsmittel npl.**	=	**means of transport**
662	**Nahverkehr m.**	=	**short-distance traffic,** **local traffic**
663	**Nahverkehr, öffentlicher**	±	**public passenger transport**
664	**Nahschnellverkehr m.**	±	**rapid transit**
665	**Null-Tarif m.**	=	**fare-free-transport**
666	**Schienenverkehr m.**	=	**fixed track transport**
667	**Streckenstillegung f. der Eisen-** **bahn**	=	**railway closure**
668	**Gleisanschluß m.**	≠	(rail connection from a factory, mine, port, etc., to the main system)
669	**Straßenverkehr m.**	=	**road traffic**
670	**Straßennetz n.**	=	**road network**
671	≠ (Fernstraßen; im VK: Fern- straßen, die ganz oder über- wiegend in der Trägerschaft des Staates stehen; in der BRD ent- sprechen ihnen in der Verkehrs- funktion: Bundesfernstraßen (Bundesautobahnen und Bundes- straßen); Landstraßen; (diese werden von den Ländern ganz getragen))		**principal roads, trunk roads** (in the UK: long distance roads which are wholly or mainly the responsibility of the State; in the FRG *Bundesfernstraßen* (Bundesautobahnen, Bundes- straßen) and *Landstraßen* perform the same traffic func- tion; are wholly the re- sponsibility of *Land* govern- ments)
672	**Zubringer m.** a) als Straße b) als Zubringerdienst (z. B. durch Buslinie)	=	**feeder** a) as road b) feeder service (e. g., by bus)

Geographisches Institut
der Universität Kiel
Neue Universität

673	Autobahnzubringer m.	=	motorway feeder road
674	Umgehungsstraße f.	=	by-pass
675	Stadtautobahn f.	=	urban motorway
676	Wasserstraße f.	=	navigable waterway
677	Binnenschiffahrt f.	=	inland navigation
678	Binnenhafen m.	=	inland port
679	Seeschiffahrt f.	=	sea traffic, ocean traffic
680	Seehafen m.	=	sea port
681	Luftverkehr m.	=	air transport
682	Flugverkehr m.	=	air traffic
683	Flughafen, Flugplatz m.	=	airport, airfield
684	Zivilluftfahrt f.	=	civil aviation
685	Regionalluftverkehr m.	=	regional air feeder traffic
686	Fernsprechortsnetz n.	=	local telephone network
687	Richtfunkverbindung f.	=	micro-wave link
688	Fußgängerbereich m.; Fußgängerzone f.	=	pedestrian precinct
689	≠ (Umwandlung von Fahrbahnen in Fußgängerbereiche)		pedestrianization

4.11 Natürliche Umwelt, Umweltschutz

Natural environment, protection of the natural environment

690	Umwelt, natürliche,	=	natural environment
691	Umwelt, gegenständliche	=	physical environment
692	Umweltbedingungen fpl.	=	environmental conditions
693	Umweltqualität f.	=	quality of the environment
694	umweltverträglich	=	environmentally compatible
695	Umweltverschmutzung f. und sonstige Beeinträchtigung der Umwelt	=	environmental pollution
696	Umweltschäden mpl.	=	environmental damage
697	Naturökologie, Landschaftsökologie f.	=	natural ecology
698	Naturhaushalt m. (das komplexe Wirkungsgefüge aller natürlichen Faktoren wie	=	ecosystem (the intricate interrelationship between all physical elements,

	Mineralien, Gesteine, Boden, Wasser, Luft, Klima, Pflanzen- und Tierwelt)	such as soil, water, air, climate, plant and animal life)
699	**natürliche Hilfsquellen fpl.**	= **natural resources**
700	**Naturpotential n.** (das Leistungsvermögen des Naturhaushaltes für die menschliche Nutzung)	= **natural potential** (potential ability of the ecosystem to withstand human use)
701	**Belastung f. des Naturhaushaltes** (Beanspruchung des Naturhaushaltes durch Verunreinigung der Luft, der Gewässer, des Bodens und der Pflanzen mit artfremden Stoffen, die bei einer Aufnahme durch Tiere und Menschen auch diese belasten können (z. B. Autoabgase, Abwässer))	= **ecological pressure** (placing a strain on the ecosystem through pollution of air, water, soil and vegetation by toxic substances which, if taken up by animals or humans, can damage them as well, e. g., motor vehicle exhaust fumes, sewage)
702	**Belastbarkeit f. eines Raumes unter den Gesichtspunkten des Umweltschutzes**	= **environmental capacity**
703	**Belastung f. der Umwelt; Umweltbelastung f.**	= **pressure on the environment**
704	**Umweltgefährdung f.**	= **endangering the environment**
705	**Umweltpolitik f.**	= **environmental policy**
706	**umweltfreundlich**	= **environmentally favourable**
707	**Umweltbewußtsein n.**	= **environmental awareness**
708	$\neq$ (Plan zur Verbesserung der örtlichen Umwelt)	**improvement scheme**
709	**Mutterboden m.**	= **top soil**
710	**Bodenerosion f.**	= **soil erosion**
711	**Pflanzendecke f.**	= **plant cover**
712	**Landschaft f.**	$\pm$ **landscape**
713	**Naturdenkmal n.** (Einzelschöpfung der Natur, deren Erhaltung wegen ihrer wissenschaftlichen, heimatlichen oder geschichtlichen Eigenart im öffentlichen Interesse liegt, z. B. alte oder seltene Bäume, geologische Aufschlüsse)	$\pm$ **Site of Special Scientific Interest** (individual natural phenomenon whose preservation is in the public interest because of its scientific, local or historical uniqueness, e. g., old or rare trees, geological exposures)
714	**Landschaftsordnung, Landespflege, Landschaftspflege f.**	= **landscape conservation**
715	**Landschaftsschutz m.**	= **protection of the landscape**

716 **Landschaftsschutzgebiet n.**
(Gebiet, das im VK entsprechend dem *National Parks Act*
1949, in der BRD auf Grund von
Landesgesetzen besonders
geschützt ist)

= **Area of Outstanding Natural
Beauty (AONB)**
(an area specially protected in
the UK in accordance with the
National Parks Act 1949, in the
FRG under *Land* Legislation)

717 **Naturschutzgebiet n.**

± **nature reserve**

718 ≠
(ländliches Erholungsgebiet, das
von der *Countryside Commission* als nach dem *Countryside
Act* 1968 förderungswürdig
anerkannt ist)

country park
(countryside recreation area recognized by the Countryside
Commission as eligible for
financial assistance under the
Countryside Act 1968)

719 ≠
(Regionalpark; planerisch ge-
staltetes Erholungsgebiet für
einen größeren Einzugsbereich)

regional park
(planned recreation area with a
large catchment area, cf. Lee
Valley Act 1966)

720 ≠
(im VK ein durch die *Countryside Commission* als National-
park festgelegtes größeres Gebiet, das wegen seiner land-
schaftlichen Schönheit und seinen
Erholungsmöglichkeiten erhalten und gepflegt werden soll.
In der BRD gibt es zwar Nationalparks in diesem Sinne nicht,
vgl. aber die seit 1969 bestehen-
den Nationalparks Bayerischer
Wald und Nordfriesisches
Wattenmeer.)

National Park
(an extensive tract of country
designated as a National Park
by the Countryside Commission
which by reason of its natural
beauty and the opportunities
which it affords for open air
recreation shall be preserved and
enhanced for the purpose of
promoting its enjoyment by the
public. There are no National
Parks in the English sense in
the FRG, but cf. the Bavarian
Forest and North Frisian National Park which were established in 1969.)

721 **Naturpark m.**
(behördlich ausgewiesenes
größeres zusammenhängendes
Erholungsgebiet im ländlichen
Raum)

≠
(nature park; officially designated countryside recreation area
of fairly large size)

722 **Europäische Bodencharta**
(des Europarates)

= **European Soil Charter**
(of the Council of Europe)

723 **Forstschutz m.**

= **forest protection**

724 **Artenschutz m.**
(Schutz von bestimmten
Pflanzen- und Tierarten)

= **species protection**
(the protection of certain
species of plants and animals)

725 **Flächenschutz m.**
(Schutz von Naturdenkmalen,
wertvollen Flächen und Gebieten)

= **site protection**
(protection of sites of scientific
interest and other sites in valued
areas)

726	Verursacherprinzip, Veranlasserprinzip n.	=	the principle of making the polluter pay
727	Schadstoffe mpl.	=	noxious substances, pollutants
728	Abstrahlung, Strahlung f.	=	radiation
729	Regenerationsfähigkeit f. (hier: die Fähigkeit, einen bestimmten biologischen Zustand nach einer Störung wieder zu erreichen)	=	regenerative capacity (here: the capacity to regain a certain biological level after a disturbance)
730	biologischer Grenzwert (derjenige Grad der Belastung eines lebenden Organismus, der ohne die Gefahr der Schädigung des Organismus nicht überschritten werden darf)	=	threshold (the level of pressure on a living organism which cannot be exceded without the danger of damaging the organism)
731	Rekultivierung f.	=	recultivation
732	Lärmbeeinträchtigung, Lärmbelastung f. (Beanspruchung des menschlichen Organismus durch Lärm, z. B. Verkehrs-, Bau-, Fluglärm)	=	noise pollution (strain on the human organism caused by noise, e. g., traffic, construction, aircraft)
733	Lärmbekämpfung f.	=	noise prevention
734	Lärmschutzbereich m. (s. §§ 1-4 Fluglärmgesetz vom 30. 3. 1971, BGBl. I S. 282)	±	noise abatement zone
735	Schallschutz m.	=	noise restriction
736	Schall m.	=	sound
737	Schallzone f.	=	sound shadow
738	≠ (Linie gleicher Lärmintensität, die eine Lärmquelle bildet; wird in Dezibel gemessen)		noise contour (normally measured in decibels)
739	Luftschall m.	=	airborne noise
740	Körperschall m.	=	structure-borne noise, infrasound
741	Lautstärke f.	=	sound level
742	Schallminderung, Geräuschminderung f.	=	noise reduction
743	Tonhöhe f.	=	pitch
744	Schalldruck m.	=	sound pressure
745	Schalldruckpegel, Schallpegel m.	=	sound pressure level
746	Abfall m.; Abfallstoffe mpl.	=	refuse
747	Abfallbeseitigung f. (z. B. durch Verbrennung und Kompostierung)	=	refuse disposal (cf. by tipping, burning or biological degradation or by recycling)

748	**Müll m.** (die nicht wiederverwerteten Abfallstoffe)	=	**waste** (non-recyclable refuse)
749	**Sondermüll m.** (Abfallstoffe, die nicht zusammen mit normalem Haus- und Gewerbeabfall schadlos beseitigt werden können, z. B. Altöl, Gummiabfälle, hochgiftige Chemikalien)	=	**special refuse** (refuse material which cannot be disposed of along with normal domestic and industrial refuse, e. g., waste, oil, rubber waste, poisonous chemicals)
750	**Hausmüll m.**	=	**domestic refuse**
751	**Kläranlage f.**	=	**sewage treatment plant**
752	**Abfallplatz, Müllplatz m.; Deponie f.** (Lagerungsstelle von Abfällen. Auf „wilden" Deponien werden Abfälle rechtswidrig gelagert; „geordnete" Deponien entsprechen den rechtlichen Bestimmungen.)	=	**refuse disposal site, rubbish dump** (refuse disposal normally takes place on officially approved sites, fly tipping occurs illegally at non-approved places)
753	**Müllverbrennung f.** (Verbrennung von Müll, einschließlich Chemiemüll und Altöl (Sondermüll))	=	**waste incineration**
754	**Klärschlamm m.** (die bei Reinigung von Abwässern übrigbleibenden Feststoffe)	=	**sludge**
755	**Abfallverwertung f.**	=	**recycling**
756	**Autofriedhof m.**	=	**car mortuary, breakers yard**
757	**Abwasser n.**	=	**effluent**
758	**Abwasserreinigung f.**	=	**sewage cleansing**
759	**Abwasserbeseitigung f.**	=	**sewage disposal**
760	**Wasserverschmutzung f.**	=	**water pollution**
761	**Gewässergüte f.** (Qualität der Gewässer nach dem Grade ihrer Verunreinigung unter biologischen Gesichtspunkten)	=	**water quality** (measured according to the level of its pollution as measured on biological criteria)
762	**Selbstreinigungskraft f.** (Fähigkeit von Gewässern, organischen Wasserinhalt durch Organismen unter Verbrauch von Sauerstoff aufzubauen)	=	**self-cleansing capacity** (ability of water bodies to break down organic materials by means of oxygen)
763	**Quellwasser n.**	=	**spring** (or: **well**) **water**
764	**Grundwasser n.**	=	**ground water**
765	**Oberflächenwasser n.**	=	**surface water**

766	**Wasserhaushalt** m.	=	**water balance**
767	**Hochwasserschutz** m.	=	**flood protection**
768	**Belastung, thermische**	=	**heat level, thermal level**
769	**Wärmeableitung** f. (in Gewässer)	=	**thermal water discharge**
770	**Umkippen** n. (eines Gewässers) (Vorgang, durch den ein Ge- wässer seine Regenerations- fähigkeit verliert)	≠	(the process, by which a water body loses its biological regenerative capacity)
771	**Reinhaltung** f. **der Gewässer, Gewässerreinhaltung, Wasser- reinhaltung** f.	=	**maintenance of water quality**
772	**Luftverschmutzung, Luftverunreinigung** f.	=	**air pollution**
773	**Luftzirkulation** f.	=	**air circulation**
774	**Smog** m.	=	**smog**
775	**Reinhaltung** f. **der Luft**	=	**prevention of air pollution**
776	**Emission** f. (hier: Aussendung luftfremder Stoffe, Geräusche oder Erschüt- terungen in die Atmosphäre)	≠	(emission of materials, noise or vibration into the atmosphere)
777	**Emissionskataster** n. (behördliche Einrichtung, durch die wassergefährdende Stoffe, Abfallarten und Abfallmengen sowie Schadstoffe in der Luft erfaßt werden)	≠	(an official register for types and quantities of refuse, water and air pollutants)
778	**Immission** f. (Einwirken luftfremder Stoffe, Geräusche oder Erschütterungen auf Mensch, Tier oder Pflanze)	≠	(airborne substances, noises or vibrations deleterious to humans, animals or plants)
779	**Immissionsschutz** m.	=	**pollution protection**
780	**Immissionsrichtwert** m.	=	**pollution control standard**
781	**Immissionsschutzgebiet** n.	=	**air pollution control area**
782	**Geruchsbelästigung** f.	=	**smell nuisance**
783	**Hausbrand** m.	=	**domestic fuel**
784	**Staubniederschlag** m.	=	**deposition of airborne solid matter**
785	**Entstaubungsanlage** f. (zur Vermeidung des Aus- wurfes von Staub aus Schorn- steinen und ähnlichen Anlagen)	=	**smoke filter** (to minimize the dust content of emission from chimneys and similar installations)
786	**Strahlenbelastung** f.	=	**radioactivity level**
787	**Atommüll** m.	=	**radio-active waste material**
788	**Atomreaktor** m.	=	**nuclear reactor**

TEIL III / PART III

Alphabetischer Index

(Die Ziffern hinter den Stichwörtern bezeichnen die Nummern der Wortstellen auf den Seiten 47 bis 105)

115

116

117

Alphabetical Index

(The numbers following the words in the index refer to the numerically arranged list of words on pages 47 to 105)

119

© 1973 Langenscheidt KG · Berlin und München
Druck: Verlagsdruckerei E. Rieder, Schrobenhausen
Printed in Germany
ISBN 3-468-49068-2